本書版稅全數捐贈
「財團法人臺北市基督教伯大尼兒少家庭基金會」

我的身體和美都衰老了
那是疾病歲月之刀留下的傷口
我沒有聽天由命
我轉向你，不必神話，沒有英雄
因為我對生命有所認識
接受一切
在想像的熟悉的島嶼
感受溫柔、小而美麗的花朵

——陳文茜

醫院與指南針

醫院實際上並沒有那麼大。
使它顯得大的是陰影、對稱、鏡子，
還有不知是漫長或是瞬間改變的歲月。
是我們知曉又不熟悉的死亡。

——陳文茜

如此歲月，如此幸福

著——陳文茜
Sisy Chen

前序

假如我能夠再活一次
下一次
我願嘗試
多犯錯誤
再不願，渴求完美
輕談絕望

我願讓自己多多闖蕩
我願，多一點瘋狂
而非如今生這般

這世間萬象
這如此歲月
再難讓我當真

我不願活得如此秩序了然
我願多多冒險
多多付出
看落日歸去
攀無盡峰巒
走到河中，多多戲水

我也曾是，這世間聰明人之一
但聰明的人不該虛度生命的每一分鐘
的確，我也有過快樂時分，但倘若我能重新開始
我只想擁有更多不向命運低頭的片刻

或許你仍不知
生活來自這樣的片刻

僅僅來自它們
生活不是來自永恆
而是那勇敢的片刻

倘若我能再活一次
我願赤足踏入早春
徜徉
直至晚秋

我願多和天空玩耍
追隨各種顏色的雲朵
假如生活仍在我眼前

可是……
我已重病，我已老去
我已深知，不久我也將死去

假如我能夠再活一次
多麼期盼我能夠再活一次

此刻我的耳邊
響起另一個聲音——
別輕言絕望
即使你只有十年，五年，一年
把它當成再活一次

去戲水，去赤足
去旅行，去闖蕩
去盡情揮灑
去擁抱勇敢
去所有我仍然可以抵達的地方
然後看盡落日
死於落日

不必等假如
如此歲月的我，已再活了一次
我已再活了一次

Chapter 1

我的愛
變成浪漫的地方

義大利壯遊
即將啟程
↓
倒數 11 天

逆襲人生

20240515

疾病，是我一生的朋友。

死亡是我熟悉的路人，我和它擦肩而過，已太多次。

我不會奢望自己還有多少歲月。

我的目送，是對自己生命旅程最後夢想的目送。

我想的不是如何布展我的喪禮，那已經與我無關，

而是如何不負最後的旅程。

我明白歲月不斷加添我的疾病，但它不能完全剝奪

我的夢。

過去我一次又一次從鬼門關前溜了，但我知道總有一天，我會被它抓住，我不會一直那麼幸運。

所有童話的結尾處，都布設了謎語。

有的殘酷，有的令人迷醉。

自二〇一九年起，年年住院，年年動大刀，我已經離「健康」兩個字太遠。

我剩餘的人生，正如童話故事中的兩種結局。

一個結局：知道自己老了，修鍊靈魂，靜心等待死亡。

另一個態度：我離插管、尿袋、昏迷的狀態還有很長的路，還很遠。

是的，我年長了，好像老了，大病了；但我依然可以抓著一定的青春心態。

我要——逆襲人生。

至少最後一夜前，我仍要想辦法活得如飛舞彩蝶，絕不哭倒在露濕台階。

我是一朵輕輕的快樂的雲，我不是石塊，何必隨著時光沉落。

親愛的，你曾閱讀德裔美籍人塞繆爾．厄爾曼（Samuel Ullman）所寫的一篇只有四百多字的短文〈青春〉（Youth）嗎？

它首次發表即引起轟動。讀者們把它抄下來當座右銘，收藏著。

喊著「老兵不死」的麥克阿瑟將軍在指揮太平洋戰爭期間，辦公桌上也始終擺著〈青春〉影本的鏡框。其中一段：

青春，並非人生旅程的一段時光，也並非粉頰紅脣和體魄矯健。
它是心靈的一種狀態，是頭腦的一個意念，是理性思維的創造潛力，是情感的勃勃朝氣，是人生春色深處的一縷東風。
青春，意味著甘願放棄舒適，去闖蕩生活，意味著超越羞澀、超越怯懦的膽識與氣魄。

所以六十六歲的男人可能比十六歲的小夥子，更擁有這種膽識與氣勢。
沒有人僅僅因為時光的流逝，而注定變得衰老。人只是隨著理想的毀滅，才出現了老人。
歲月可以在皮膚上留下皺紋，卻無法為靈魂刻上一絲痕跡。
憂慮、恐懼、缺乏自信，才使人佝僂於時間的塵埃中。所以無論是六十六歲還是十六歲，每個人都可以被未來所吸引，都可以對人生路途中的歡樂，懷著孩子般無窮無盡的渴望，奔跑。

我喜歡這段話，因為它一語道破了組成「老」這個字的充分條件。

青春不是表面的年齡，它是不放棄渴望，勇敢地追求，對恐懼一腳踢開的魄力；它是回到孩子般的純真，並且具備膽識地與時光同行。

既然我已看見生命之波最後的幾片玫瑰花瓣，我想

告訴過往飛逝的年華：去吧！不斷地去吧！抱歉，我不想理會你。

我的心頭自己種了一朵青春的鮮花，誰也別想摘掉！

我不會否認歲月有灰燼，但我的靈魂還有火焰！

我不會無視歲月殘痕，但我的心仍有夢！

當我病了，老了，人世間所有的聚散離合難免感傷。它帶著一點蒼涼，也帶著一絲柔情，帶著年輕時候不能明白的急切。

就這樣嗎？

我將帶著這些遺憾，筆直、冷靜地走向死亡嗎？

大病幾年之後，領了什麼「重大傷亡卡」，我更不願被感傷淹沒，不願向歲月折服。

我告訴自己：去愛吧！像沒有明天的去追求愛。去告白吧，丟掉渾身練就的武裝尊嚴，去告白吧。

因為我的後年、我的大後年、我的十年……可能再也沒有機會這樣做。

它當然可能毫無結局，但誰又要結局呢？

因為所有人生真正的結局本是告別。

在告別之前，塵世中，找一個人，或找幾個知心朋友相依相伴，終究是幸福的。

這是我曾經寫給某人的一段話：夢，很遠沒關係；仰望夢想，也是幸福。

我仰望滿天星斗，那裡有已經死亡的星球，它們從千年前捎來問候，閃爍著，欲語還休。

那裡還有今夜剛剛升起的明月，柔情眷戀大地，也眷顧大地之上無以計數的我們。

只要抬頭仰望，月娘始終相伴。即使黑烏烏的雲朵遮住了她，我們知道她永遠都在。

李白的詩：人攀明月不可得，月行卻與人相隨。

親愛的義大利，因為你，我比過去的我，相對健康的我，更相信青春。

帶著一箱的藥物、特別護士……我仍然奔向你，奔向夢幻的渴望。

把哀嘆憂愁，留給不知生命時時刻刻逝去，卻自以為健康的老中年人吧。

親愛的義大利，因為你，我想獨自待在那兒，讓我可以在那裡愛，即便不知道為什麼愛，愛誰，不知道愛多久。

但我要學莒哈絲，而且唱著 I am every woman。我是每一個不分年齡女人的組合。

我的心中永遠保留一個等待的地方給你。

至少我不是未死之前，已成殭屍，筆直地走向死亡的女人。

我仍要等待愛。

我不會虛度最後的年華，我的生命已經褪色，生命很快地就會拋棄我，不需要我自己多添柴火，加速它的燃燒滅亡。

親愛的義大利，在我成為灰燼之前，我將擁抱你，希望你也帶著所有文明中的浪漫擁抱我。

願我走的時候，往事如星空，心也如星空。

最後我看到的光，不是一片黑暗，而是記憶中百花教堂上閃閃發亮的星星。

20240517

我即將來到你的身邊

義大利壯遊
即將啟程
→
倒數 9 天

經歷了幾個世紀的思念，我的生命終於出現了你。
你不斷完善，而我即將來到你的身邊。
那如海市蜃樓的思情，焦灼的心，已迫不及待。
你存在於歷史，不真實地存在於當代，我無法將你
帶往任何地方。
唯有迷路，人才能抵達。

遠離出發點的地方，我變成另一個人。

一條路，一束光，追隨埋藏在我心中。一粒屬於河床深處迷人的、恬靜的、偉大的、覆滅的、殞落的、傳誦的、但丁的、李斯特的歷史。

你燃燒時光的故事，我們像荒野中突然相遇的生物，跨越世紀，互相擁抱。

在我如孩子般的心裡，我終於從夢中驚醒，張著乾裂的嘴，遺忘曾經海市蜃樓的愛情。

在天與地之間，在歷史的遺址上，在雕像的刻痕中，「一種惦念，透過動脈，傳達到了人生命中的底部：心」，它不是豔陽下的旅程……它也不是尋愛的路程。

但我知道，歸來後，從此我將是一個不一樣的人。

20240519

我寧可選擇相信一個簡單的你

義大利壯遊
即將啟程 → 倒數 **7** 天

無論什麼時候，都不要喪失你那孩子般的熱情，要盡量地去感受不同領域的東西。

——《托斯卡尼豔陽下》

人之所以愛旅行，不是為了抵達目的地，而是為了享受旅途中的種種樂趣。有的人去旅行是為了讓自己暫時的拋掉生活的瑣事，讓自己投入旅行的樂趣中，尋找內心的平靜。

——歌德

生活，就是應該抱著熱情，大膽嘗試。

——《托斯卡尼豔陽下》

有回憶才是完美人生。

——普魯斯特

我應該相信史詩中的篝火，
我應該相信侵蝕陸地的海洋，
我應該相信波斯、羅馬和成吉思汗，
我應該相信細微的沙子決定了伊斯蘭的命運，
我應該相信所有偉大的歷史和戰爭，
但我卻寧可選擇更相信你，
你既是我的幸，也是我的不幸，
因為你，
我拋棄了恆長的史篇，
我想相信純真，
而且無窮無盡地相信，
於是我寧可選擇相信一個簡單的你。

——陳文茜

義大利童話小鎮阿爾貝羅貝洛 (Alberobello)，是一片灰白相間的童話世界，每天遊人如織，因為這裡造形獨特的建築——形似小蘑菇的房子 Trullo。Trullo 尖頂房子由石塊堆成，小鎮還保存著 1000 多座。15 世紀開始已有人居住，目前常住人口不到 2 萬人。阿爾貝羅貝洛是唯一一個聚集居住在蘑菇房的古蹟小鎮。每一座 Trullo 的牆壁用石灰塗成白色，屋頂用灰色的扁平石塊堆成圓錐形。據說是當地人為了逃稅而造，收稅時就把屋頂拆掉，假裝這裡沒有人居住。

人生所有的成熟，都是從失去開始的。

——白先勇

一個人能觀察落葉、鮮花，從細微處觀賞一切，生活就不能把他怎麼樣。

——毛姆

黃昏時的樹影拖得再長也離不了樹根，你無論走多遠也走不出我的心。

——泰戈爾〈思念〉

相信上天的旨意，發生在這世界上的事情，沒有一樣是出於偶然，終有一天這一切，都會有一個解釋。

——三毛

我們無法在時間的長河中垂釣，但我們可以將對苦難的詰問化為覓渡的力量。在死亡與重生之間，我們注定得忍受命運暴虐的毒箭。既然如此，我們為什麼不咬牙堅持，忍受所有本該由我們承受的痛苦，去期待下一個涅槃呢？

——雨果《九三年》

義大利壯遊
即將啟程
倒數4天

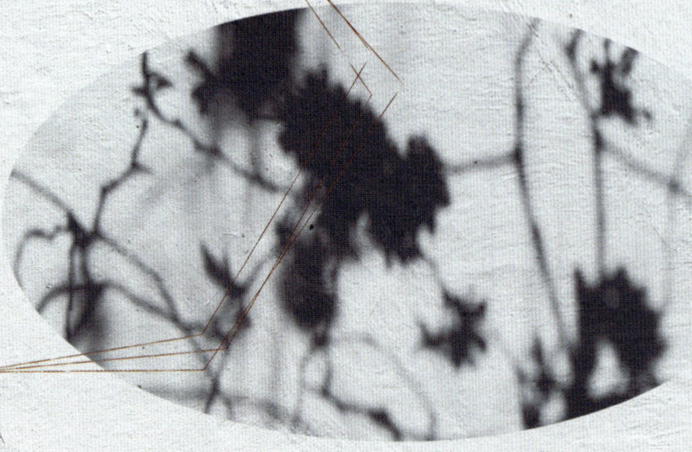

去追一場夢

20240522

今日有柔雨，
在柔雨的環抱中，
我曾經以為有足夠的空間，
去追一場夢，
空間中，我的祖母，
那些遺物，那些照片，
它們長久以來一直被放在一個屋裡，
又黃又近又溫柔，
像爐火一樣經常融化我。

如今我再次步向新的路程，
我的腳步必須輕柔，不必沉重，
過去一切只是幻夢，
一個被摸得著的幻夢，
懸著，空了，
它晃動如樹枝，網住空氣，
中間無一物。
我問自己：

「你的手指是否足夠長到能彈奏那些只是回音的琴鍵？
寂靜，是否足夠靜？
手指能將音樂送回它的源頭嗎？」

我願祖母再次牽起我的手，
穿越許許多多她弄不懂的東西；
不要絆倒了，她說。
我告訴天堂上的外婆，即使絆倒，我也不會止路，
我要前往下一個夢想之地。

20240527

啟程，我的義大利「冒險」之旅

終於！

魂夢牽縈的佛羅倫斯、威尼斯之旅，啟程了。

華航機艙人員看到我的名字，很驚訝，「妳的身體可以旅行嗎？」

這是我在心中OS許久的問題。

命運愈拘禁我，我愈要超越。

在某個遲疑的清晨，我醒來，突然罵了髒話，

「×××」，我去一趟義大利，難道比諾曼第登陸困難嗎？

當一個人停止冒險，侷限自己的時候，他／她的生命，等於是一條往下沒有任何出路的死亡線。

我還活著，我已失去健康，但這不代表我需要永遠把自己當成弱不禁風的人。

提著一大袋藥物，事先和當地醫院及臺灣醫生聯絡好⋯⋯帶著特別護士，我的生命不是一輛牛車，它雖然拖著我，活得比別人不容易，但它還沒有完全扼殺所有的可能性。

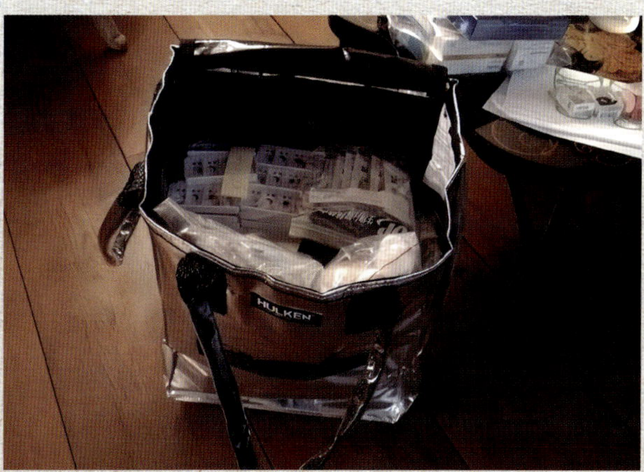

最大的恐懼，是恐懼本身。
於是某個夜晚，星空夜色妝點光明的夜晚，我
「起飛」了。
突破了我四年半心中的禁忌。
我在黑暗中找回自己，我的心甜蜜昏沉。我費力找著一個剛冒出的奇妙字眼，遺址中的重生，我不再把夢想失落於夢裡。
我病了，我不想停下來，我不想停止追尋，我不想把生命當作服藥、吸氧、休息的重複句，我想繼續前進。
在義大利，歷史、藝術、情感、嘆息、追憶、生命、詠嘆……都誕生於廢墟中。
生事不倦，葉未落盡，道別蒼白，隱懷高亢。
徹底看清這美麗的奇蹟。

抵達

20240527

抵達羅馬機場，老人休閒區，立意良善。

我的特別護士想帶我走入，被看守的女職員阻止。

「這個區域只保留給六十五歲以上老人，病人，
坐輪椅的人。」

哈，我瞬間覺得自己三個都不是。

我高興的離開，在行李區等待領取行李。包括一整
袋的藥物。

羅馬陽光普照，把它當作祝福。

20240528

旅遊不是工作，請隨心所欲

出發前，我的義大利夢因為行程自行安排，儘管留學義大利的 Gemma 已全力協助和一些單位聯絡，仍然感覺自己像開旅行社，壓力大到樂趣少了一半。

抵達佛羅倫斯（義大利文正確翻譯應該是翡冷翠），入住臺灣雲朗觀光集團所經營如宮殿般建築的「翡冷翠百花宮」飯店（Portinari），飯店經理知道我去年因為敗血症取消了義大利行程，特別給了我一個大擁抱。

他的家在羅密歐與茱麗葉故事的起源地，Verona。

旅行，是人生和自己對話的浪漫之旅。我們討論未來行程時，除了美術館、歌劇院之外，他說了一段語重心長的話。

「不要排滿行程，Follow your heart，明天的行程前一天決定。」

「妳是來旅行的，不是來完成排班任務的。」

我們在平日工作中，已經不怎麼給自己空間……旅遊是為了讓久違的心，靈魂再度活起來，我們找到了它，情不自禁唱出歌聲，再度回憶起，心的微笑。

「讓妳的心回家。」

耐心地聆聽著自己的心，可能每天會出現不同的心情，別規範它。

於是，我不知道大後天去哪裡、做什麼，讓寧靜的白色環抱著心，讓心告訴我，我想要什麼？

雲朗飯店內觀

今天我只安排了一個行程：夕陽古道下，我將搭乘十九世紀風格四人座馬車，如當年李斯特、馬克吐溫……遊遍佛羅倫斯老城，兩小時。

我一點都不孤獨，我的靈魂將有很多「朋友」，過去待在此地的詩人、音樂家、哲學家的靈魂，帶著他們的書籍，白天躺在宮殿般的飯店，我可以閱讀他們的文章，聆聽他們的作品，和他們交談；跨越時空，日日夜夜，時時刻刻。傍晚搭乘和他們當年類似的馬車，走過他們行經的路，透過他們介紹認識更多的靈魂，川流不息。

凌晨走路回家，黑暗中，霓虹燈下，經過一棵棵樹，李斯特曾經駐足此地嗎？

這座城市有輝煌的歷史、有寂寞的公園、有熱鬧的小酒館，夜空如此美麗，我感到自己被幾個世紀各種人垂愛著。

一座驕傲的城市，光陰在牆上留下疤痕，它是藝術、文學、音樂的故鄉。

也是心的地址。

我不知道馬車夕陽行時，我的心最想尋找的人是誰？

我將隨心所欲。

兩個小時的「女王」巡禮：慢慢地遊盪，默默地接受消失

20240529

旅館門口前搭上馬車，白色的駿馬，沒有遮蔽的包箱，好像半裸的女王馬車。

他們說，這樣妳才能看盡翡冷翠的美景。

穿越但丁昔日住處，殘忍的愛情神曲結尾，李斯特巡禮此地後，已改寫成溫柔的故事。

馬車走過最著名的橋頭，遠眺片片屋牆好似幻化成影；近看一旁都是觀光客的商店。

百花大教堂的穹頂，夕陽正照著它，那是橫掃貿易金融文化的米第奇家族，最後的餘暉。

販賣歷史。活在歷史中，「因為那是我們僅有的」。「未來是抽象摸不著的沮喪」，義大利人談到他們的處境。

根據統計，三分之二義大利年輕人想移民至國外；而我們這些老人，想追尋至此地，在一個古老國度的宏偉下驚嘆。

好像想讓自己短短的生命與源遠流長的歷史鏗然作響，讓生命再次甦醒。

女王的馬車。

（左）向拍照的遊客揮手，我真入戲。（中）百花大教堂前舉起冰淇淋宣示女王登基。（右）冰淇淋，我的「權杖」，一天吃了三份。這樣算是「擴權」嗎？

我已步入生命最後一段路，多長，不知道，但如果我可以抓住這裡的歷史，感覺自己好似一個活了千年的精靈。

為了這趟巡禮，戴上粉紅假髮，編了辮子，穿著出門前陳季敏特別為我趕工的祝福紡紗斗篷、玻璃鞋，翡冷翠 Cinderella 不搭南瓜車，不必害怕瞬間過了夜裡，夢幻會消失。

沿途當然有遊客們照相，我還真「進入狀況」向他們揮手，在百花教堂前，舉起三種口味（檸檬、薄荷、香瓜）冰淇淋，宣示統治翡冷翠兩小時，對著沿途行人揮起手來，好像女王向子民們致意。

人老了，會愈來愈自嗨，正所謂：不要臉！反正也沒有侮辱女王罪，開心就好。

街道上望見一隻鳥兒飛上閃著光的屋頂歌唱。

是啊，我不是一個蒼白的女人，我不是沒落的生命。

我一點也不孤獨無依，下午七點的太陽仍然豔麗，雲半遮著，親吻我的華髮，唇像火焰，心像嬰兒。

未來我們都會消失，只有這些歷史遺蹟會留下來。

正因爲人是如此的渺小，所以一旦獲得了權勢，就會虛張聲勢地想緊緊抓住從歷史上回看極小的片刻。

晃著馬車，所有曾經在此不可一世的人物，俱往矣。

聖母百花大教堂（Cattedrale di Santa Maria del

兩個小時的「女王」巡禮：慢慢地遊盪，默默地接受消失

Fiore）於一二九六年開始興建，年輕的達文西約一百八十年之後來到佛羅倫斯創作，主要作品——一四七三年的〈亞諾風景素描〉（Arno Valley Landscape）、一四七四至一四七八年的〈吉妮芙拉．德．賓琪肖像〉（Ginevra de' Benci）、一四七二至一四七五年（一說一四七五至一四七八年）的〈聖告（天使報喜）〉（Annunciation）、一四七八至一四八〇年的〈康乃馨聖母像〉（Madonna del Garofano）、一四七八至一四七九年的〈拈花聖母〉，與一四八〇年未完成的〈聖．傑洛姆〉（St Jerome）和一四八一至一四八二年同樣未完成的〈三士來朝（或譯三賢士來朝）〉（Adorazione dei Magi）。

而創作於一四七三年的〈亞諾風景素描〉是目前所知達文西最早的傳世作品，原題為〈聖瑪利亞．德拉尼夫的風景〉。

德國美術史學家黑登萊希（Ludwig Heydenreich）稱其為「西洋美術史上第一幅真正的風景素描畫」。

達文西以流暢筆觸，採用高視點描繪了佛羅倫斯附近亞諾河流域山谷和遠方平原。

馬車帶著我們來到此地高點，達文西五百多年前繪畫中的空間遼闊，盡收眼底。

聖母百花大教堂

看得夠遠，站得夠高，才能看到翡冷翠之美。人生也是。

這幅以鋼筆墨水完成的風景畫，讓我們真實又不真實地和他相逢，習他的眼睛遠遠地望著山谷、古堡、河川、平原、丘陵。

達文西一定很難想像如今那繁華的河邊老宅，許多已成廢墟。

沒落是跟著繁華的，它是命定的。

別想抱著它，痴痴不忘。

歷史、城市、國家、權力、愛情……都是。

千變萬化的是我們的心情，紋風不動的是命運。

徐志摩那麼年輕的時候在翡冷翠寫下山居閒話，他當時的豪情才開始，不會明白老天很快將奪走他的生命。他的詩中沒有纏綿繾眷，只有愉悅清閒，即使在一個古老的城市。

一九六六年十一月四號，罕見的大豪雨曾讓佛羅倫斯成了一片水鄉澤國，除了造成三十人死亡的悲劇之外，也使得當地悠久歷史建築及古物面臨浩劫。河岸邊，收藏大批藝術珍品的烏菲茲美術館，以及聖十字大教堂許多藝術品遭洪水侵害。不少藝術品送到了市中心的歐皮奇歐修復實驗室修補。

這是義大利藝術家們的另一個熱情。我們已經沒有新的故事，我們不能失去那些古老的、歷史留下的一切。

歷史不是痕跡，它是義大利人的驕傲。

而我的驕傲是兩個小時的女王巡禮。

20240530

所有的人都生而痛苦，只是這一生你能留下快樂的嘆息嗎？

歷史，在義大利，不論羅馬、翡冷翠、威尼斯……百年好像一年，十年好似瞬間。

走進烏菲茲美術館，羅馬大火後，米第奇家族收藏留下的雕像，面孔幾乎都是痛苦的。幾千年前吶喊的表情，持續至今日，它們豈止是一個羅馬帝國興亡史的藝術作品，它們說的是人類的生活本質。

我們每一代人都在賭注。賭注痛苦會不會少一點，
寧靜及美好是否可以多一點。

所有的人都生而痛苦，只是這一生你能留下快樂的嘆息嗎？

每一位藝術家、文學家都在努力為其時代的激情賦與期待，或抗爭，或祈禱，或書寫不得不的復仇。昨天，是愛；今天，是對社會過度的制約統一性反諷；明天，歌頌自由；後天，以巨大的激情為撕裂的世界尋找寧靜。

昨日，愛必須以個體的死亡為代價。

今日，集體的激情令我們承受著世界毀滅的危險。藝術總是試圖從死神那裡奪取一幅關於我們的激情與苦難的生動畫面。

幾個世紀的藝術家都在黑夜中摸索前行，邁著時代的步伐，他們不參與革命，卻無法與世界的苦難分離，熱切地渴望孤獨與安靜之後，繪圖痛苦本身的根源。

卡繆曾經來到佛羅倫斯，他形容藝術家，如在身後拖拽著一輛龐大的戰車，以為自己可以開動它。

卡繆在佛羅倫斯市郊的修道院迴廊寫下：「極端的貧困，可以通往這個世間的華麗和豐富」。

在他最著名的小說「瘟疫」中，他寫下「好比搭乘那種長途夜間火車，在車上我們可以和自己對話，準備之後的行程，獨處，用不可思議的耐心去爬梳那些念頭，不教它們四處亂竄，然後繼續向前推進。舔拭自己的生命，彷彿那是一根麥芽糖，塑造它，磨利它，愛它，又像在尋找最後那個斬釘截鐵，可以作為結論的字眼、形象或句子，帶著它出發，從此透過它來觀看一切。」

走出烏菲茲美術館之前，我們和佛羅倫斯藝術學院的學者討論當今世界局勢，在佛羅倫斯和托斯卡尼這裡支持者多為左派，他們完全不同意戰爭，她細數十五世紀留下的美術館收藏品，那裡已經預設了人類的好戰悲劇。

從烏菲茲美術館頂樓望出去，遊河的人們平靜地看著這個十三至十五世紀創造的歷史奇蹟城市，烏菲茲美術館古樸的外型，木造建築的窗戶，每個屋頂都是當年藝術家的作品，羅馬雕像在長廊中排列，帝國已經滅亡。

米第奇家族正興盛，幾代人的畫像掛著，每個廳有不同藝術家的作品，包括一幅達文西未完成的畫作，卻因此充滿了魔幻寫實。

達文西未完成的畫作，右邊被視為他十八歲左右的自畫像。

（左）牛排餐廳的美麗侍者，左邊，來自伊朗。（右）建於 1827 年，兩百年歷史的牛排餐廳。

走出美術館，卡繆的話，在我的腦海浮現……我在一個七世紀前的收藏中心，走入二十一世紀。

沒有斬釘截鐵的答案，只有賭注。

晚餐在百花宮旅館總經理的介紹下，去了一個十九世紀初一八二七年即存在的牛排館。

我們短暫的一生，我與這個城市的短暫相遇，比情人深刻。

義大利真正迷人的不是「帥哥」，而是你活在歷史的河川、城市、建築、藝術雕塑中，知道那些曾經的歡樂、榮耀、殞落。

還有……嘆息。

學雕像的文茜。

所有的人都生而痛苦，只是這一生你能留下快樂的嘆息嗎？

20240531

親愛的，我們並非和歷史相隔那麼遠：在翡冷翠看世界變局

義大利夜裡十二點半，紐約陪審團裁定川普有罪。

義大利清晨五點，拜登點頭改變兩年又五個月的美俄雙方協議，同意烏克蘭有限定地使用美國武器攻擊俄羅斯本土；俄羅斯總統普丁沉默，莫斯科的黑暗，正成為世界最大的隱憂。

隔著遙遠距離，我半夜把世界周報的節目重新調整，

包括將資訊整合，一一送給辛苦的記者。改完記者的稿子，已經深夜三點。

人在翡冷翠，這個歷史之城，每個遺址、雕像，都在告訴我們：自羅馬帝國、米第奇家族，威尼斯商人……所有的崛起，都必然有殞落的一天。

興與衰，如辱與齒是相伴的。

迷濛的翡冷翠。

那一天，佛羅倫斯五月三十日，下了一天的雨，站在米開朗基羅的雕塑作品之前，遠眺迷濛的翡冷翠，遠方的歷史在眼前，當代人只把此地當文藝復興的發源地，藝術之都。

它蘊涵的歷史狂熱、悲劇、崇高、毀滅……被忽略了。

細雨中，遇見一個女孩，把自己打扮成「和平天使」，以一個自製相框，找人合拍照片，當成畢業作品。

十五歲的年輕人，她有著和平的夢想，但她能傳遞的也僅止於此。

而「老人們」，將決定她的未來。

我想離開炮聲隆隆的預言，留在十四世紀傳遞予我的智慧。

人不能戰勝時代，但我們仍然可以選擇在這樣的時代裡，愛著。在困窘與憤怒周圍，依然感覺到柔和的、平靜的、美好的。

最終，將我們自己好好包圍。

我們和歷史並非相隔那麼遠。

20240601

我不再覺得自己是病人：在修道院中的八百年前香水，豔遇西西里島

前往一二二一年創立的香水博物館。
路邊枇杷樹像花一般，不多愁善感。
它具有深度，一種美妙的、淺褐色的、令人陶醉的、
雋永的深度；一點也不浮誇。
沿途夾竹桃花白得甚是美麗，馬車咔嗒咔嗒地跑著。
河川，鄉村，山谷中的小鎮沉睡在靜靜的空氣中，

相較於文藝復興時代繁忙的佛羅倫斯，古老的香水店靜謐、華麗，又安詳。

它的製造始於修道院的玫瑰花水，之後征服了皇室。命運總要從身後遮蔽過來。幾個朝代的皇室都用著這個古老的氣味，但它卻免不了權力更迭，還有死亡逼近。

我那寂寞的怪病，彌散在香水的味道中，沒有時序，也不必記憶。

我不再覺得自己是一個病人。

香水博物館。

歡樂像燕子一樣，在我的心中築巢，然後隨著香水的氣味，飛向風景的盡頭。

過去的戀愛啊，想起來，比雲飄得還遠。

就這樣，向遠處天空拋出：潰爛的一吻，走吧，走吧。親愛的陌生朋友們，我們已經告別許久，這一生一世，即使留下記憶，也徒然無意。

我們的人生都已不長，好像只剩下最後一座橋。

我寧願捧著手上的香水，八百年前修道院的香水，走向未來。

它比諾言、或愛情更強大。

它激發我的熱情，所向披靡。

今夜，在修道院香水的祝福中，我找到了真愛。

出發前，所有朋友，包括盛治仁，共同的祝福都是：豔遇、豔遇、豔遇……（是他們有病，還是我有病？）

就在今夜，我已找到了真愛——來自西西里島的檸檬水。

它甜蜜，它幸福於心，它脣齒留香，它激情迴盪，它永不厭倦，它沒有謊言。

哈，我的豔遇，如此迷醉，相逢又相識，而且產量源源不絕。哼！誰與爭鋒？

20240603

來到威尼斯，你會明白，過兩年，你就老了。

你年輕嗎？不要緊，過兩年就老了。張愛玲說。

在這裡，威尼斯，青春是不稀罕的。

抵達威尼斯，或許因為疲累，或許知道這座城市未來注定的命運，我的臉龐出現蒼涼的表情。

一座驕傲的城市座落藍色的海洋上；沒有小徑，沒有人行，你必須離開陸地，沉浮在浪濤間，才能抵達。

普魯斯特：浪漫主義的地址——威尼斯。

運河之水不是藍的，污濁的顏色，沿途風景不再，沿著運河旁的大宅一樓幾乎都長了青苔，光陰、海平面上升都在牆面上留下疤痕，藝術的光華隨之慢慢退卻，這是一個和時間競賽生命的城市。

那些歷史上流動著隱而不顯的壯麗，只能在浸泡於水中的教堂、依然高歌的劇院中尋找。

一八七六年，一百四十八年前來到威尼斯的作家馬克吐溫，已經意識到它的衰敗、窮困：

威尼斯，這個近一千四百年來高傲、戰無不勝、莊嚴崇高的共和國，靠著軍隊博得世界的掌聲，不論他們在何時何地戰鬥，戰艦幾乎都主宰著大海，而商船則無遠弗屆，綻放著自己的白帆……然而，如今卻窮困、遭到冷落、衰敗難堪……它的名聲以及周遭宮殿斑駁下的華麗，已迷失在死寂的潟湖中，成了乞丐，被世界遺忘……大家真的不該理會這座城市的殘破、貧困與自卑，而只想像這座城市的過去，那時他們擊沉卡爾（Karl）大帝的船隊，侮辱弗里德里希·巴巴羅薩（Federico Barbarossa），或讓他們勝利的旗幟在君士坦丁堡的城垛上飄揚……

朋友拍下我一臉蒼涼的表情。

馬克吐溫當時還不知道什麼叫做溫室氣體、海平面上升，他不明白窮苦還會更窮苦，衰敗還會更衰敗。二〇〇九年威尼斯被聯合國政府間氣候變遷專門委員會列為「世界上即將消失的一百個地方，前十名」；二〇一二年，威尼斯當地人口只有五萬人，如今可能只剩下三萬人。

觀光客擠滿了這個城市，是緬懷輝煌的歷史？還是嘆息即將命定一步步走向死亡的水都夢幻之城？

從佛羅倫斯至威尼斯，我不知道自己是朝聖者，還是參與最後喪禮盛宴的哀悼者。

我們一行還是入住臺灣雲朗觀光集團在此的飯店。

他們的餐廳剛得兩顆星，今年旅館被選為威尼斯最佳旅館，評鑑第一名。

因為愛著，所以他們明白人類有一天會失去威尼斯，抓住最後幾十年的光陰，為我們慢慢倒數記錄夢幻之城的最後繁華。

飯店創立第一天，像張安平、辜懷如這樣熱愛義大利尤其威尼斯文化的人，知道正如人生只有現在，悲傷才會延續到永遠，他們將飯店復原成古老的威尼斯繁華，處處都是細緻的古董。

當然，每次海水大漲，都是新的警鐘。他們留在此地，至少他們有許多可以講的故事。

人不是無緣無故地活著，在這裡每一個朝陽都是鑽石。受傷是日曆的標記，如今正波紋般地擴散，但只要明亮的太陽還敲著柔和的划槳聲，貢多拉英俊的船伕還唱著美妙的歌聲，向所有的風敞開，我們笑在嘆息橋下，我們笑在散落的陽光裡，我們笑在綠色苔蘚的牆邊……

我們一起和威尼斯穿透一千六百年的時光隧道，高喊我愛你，至少在今天，在當下。

你年輕嗎？來到威尼斯，你會明白，過兩年，你就老了。

來到威尼斯，你會明白，過兩年，你就老了。

寫給威尼斯的情書

20240603

「我要痛飲你晶瑩的遺忘，地久天長，但沒有以往。」

今天我還躺在你的懷裡，聆聽金色歌劇院演唱「歡樂頌」，後天我將離去，彼此不知所向。

我們之間總是沒有時間，沒有以前，也沒有以後。

上次相逢，已是三十六年前，當時的我沒有任何預言，卻隱隱明白此去無歸期。

帶著面具，我遮住了悲傷，也遺忘了悲傷。我要把繁華保留到最後。

三十六年後，我回來了。

沒有等到下輩子，因為我知道即使有下輩子，你已不再。

關於下輩子的夢想，都是懦夫們製造的逃避語言。我不是懦夫，我不會等到下輩子。

曾經一個男人迷戀著你，即使霍亂席捲，那些宣誓愛你的人都逃走了，只有他留下來，魂斷威尼斯。

三十六年前，我還那麼年輕，不知道命運將如何折磨我，不知道生命種種的利劍會使我傷痕累累。

如今我漸漸明白了，我回來了，我始終選擇將你當成冒險的終結。

當愛召喚我時，我追隨你。當愛背棄我時，我依然順從你。

你是愛的城市，你是帶著面具的城市，你是浪漫的城市，你是被海水奇蹟擁抱再背叛吞噬的城市。

你湛藍而平靜，對於我的歸來，你不懷疑也不詫異，因為你已經沒有了記憶。

我的歸來對於你沒有意義，這只是我的人生，不是你的。

有一天你也即將死去，和我一樣，我們都在倒數生命。但你有著一千多年的輝煌歷史，而我只是一個眷戀你的東方女子。

（左）繁華已千年的城市，即將消失？（右）威尼斯的宮殿，大潮海水上升時，也不得不泡在水裡。誰能逃離命運給你的必然答案？

當命運敲打我使我墜落時，我總會想起你。

三十六年前，三十六年後。

時光飛逝，如一名郵差，第一次你教我相信恆長的愛；第二次你教我多數的故事人物都是杜撰的，匆忙是假裝的，只有鏡子裡的自己是真的。

三十六年前，我們道別於夜晚。

三十六年後，我在黑暗中，躺在你的懷裡，不再失落。

我擁有了夜晚，擁有了自己，我和你一起細數星星般的夢幻，對未來陽光的嚮往，如海浩闊無際……

即使沒有多久之後，我們都即將死去，荒涼的你仍是歷史最輝煌的驚嘆。

美麗的古木門，正和不斷上升的海水抗爭。

20240606

記住今夜，它是永遠的開始——從威尼斯回到佛羅倫斯

世紀構成了時間，歲月像歷史一般虛幻。

我在一個十五世紀構築的古城，與過去的我道別。

疾病可以是焦慮的深淵；悲傷也可以是寥落孤寂的入口。

回到佛羅倫斯，住進但丁繆思 Beatrice 的房間，過

去生病的五年，對於我突然好像一場兩千天的夢。
它好像堆疊的符號，病、病、病、病，像佛羅倫斯六個
世紀的鐘聲一樣，沒完沒了。

旅館貼心換了一個房間。房間名子，但丁的繆思——Beatrice。

這趟旅程出發時，我立下決心，一定要告別往日「病」懷，往日「傷」懷，它本來是我的意志之旅。我甚至一度以為它將成為我的人生最後的遠行旅程。帶著特別護士，每日從清晨六點開始固定時間服藥，下午五點才能出門，太陽一曬，血管破裂，臉頰曬一分鐘得腫一圈。

浴室摔了一跤……走路一拐一拐……

這樣的人，還能旅行？或是來了義大利能做什麼？我既帶著極大的壓力，又帶著絕對的意志力，抵達這個十五世紀的城市，佛羅倫斯。

我如一個磨損的鏡子，照出的臉龐已非昔日模樣。明日行程本來準備至西恩納（Siena），後天至盧卡（Lucca）。這幾天太陽對我豔麗如毒蛇，我只能乖乖地躺在但丁繆思的故居，將這墜落的無限，溫柔地接受。

我必須割捨。我沒有能力前往。但它只是我不能成行的一部分；它不是全部。我不必懊惱。

「兩個靈魂，不會偶然相遇」，我和佛羅倫斯的邂逅，讓我忘卻了生命的限制，穿越巴比倫，看透人性的弱點以及它必然帶來的悲傷。

人死了，就像水消失在水中……但米第奇家族，把藝術作品、建築、雕塑留下來。他們從未消失。

即使十八世紀後，家族殞落，再無一人，他們的幽靈仍留在這裡。

哪裡是世紀？

哪裡是我？

他們無所不在，而我就在他們身旁。

相較於過去的我，現在的我是半個陌生人。沒有能力自理生活，但我在這趟旅程中重新愛上這個：是我也不是我的半個陌生人。

我給她檸檬水喝，給她肉吃。她開始會笑，會偶爾賣弄「風情」。

在威尼斯帶狀疱疹復發後，她躺在床上，側臥著，和旅館細心為她刺繡的枕頭SC名字合照。

沒有誰能逃離命運，但你可以在一切淹沒之前，繼續前行。
今夜，是永遠的開始，不是結束。

當夕陽比想像中更濃烈時，她把心還給自己，任由陽光刺痛臉，打著傘，每分鐘臉腫大一吋。

我把歡樂還給這個愛了我一生，被我因疾病而忽視追求更多可能性，被醫囑限制關在家近五年的半個陌生人。

坐下來。

我告訴她，我準備好好享用我的餘生。

這不是我最後的壯遊，而是另一種獨特、珍惜每一個相遇之人旅行的開始。

但丁說：不要怕！定定心！我們已在更好的路上了；不要後退，發展你的力量吧。

「在我們人生旅途的中途，我來到自己身邊，在一片黑暗的樹林中，一度迷失了方向。」

「不要害怕，我們的命運是無法被剝奪的，它是一種恩賜。」

「記住今夜，因為它是永遠的開始。」——但丁

Cheers！

今晚我可以念出最明亮的詩句。

我愛她，並且我想她也愛我。

20240607

義大利，一個以 Gelato 拒絕憂鬱的國度

比起羅馬帝國，義大利豈止是「衰敗」兩個字可言。

比起昔日威尼斯共和國，威尼斯即將再二十年左右，成為世界最美麗的墳場。

比起米第奇家族時代，佛羅倫斯只因保留他們留下的遺產，仍是世界美學雕刻藝術之最。

但義大利，沒有多少憂鬱的人。一份冰淇淋，Gelato，煩惱隨冰融化。

在光線完美的日子裡，既然歷史已經給予他們該有的、能有的，記憶及隨處可見的風景、古鎮、雕刻，一切當下的現實，反而不現實。

它只是帶著我們和歷史相遇，和達文西對話，和米開朗基羅一起祈禱，和貝托路西、維斯康提、柯波拉，一起走過一九〇〇，跳過最後的探戈，同行於威尼斯，傾訴著輕輕的愛之喜，在托斯卡尼豔陽下。在托斯卡尼海邊，山區，我慢慢地問自己，為什麼還把時間奉送給不愉快的人和事物？

一朵花，和我相遇時，我真的擁有它的美嗎？

一棵夾竹桃，我真的看到陽光下它的美嗎？

不；如果我一直活在俗世的意念中，它們只有顏色、形式和存在，還有手機留下的照片。

美，不是存在的事物的名字，我們必須能改變面對生活的心態，才能抵達美的心境。

當我們把時間都給了凡塵事物，以為可以交換快樂，美，再淵古流長的美，在我們面前，它只有短暫的意義。

義大利每一個小鎮，每一座教堂，每一個先知，每一段神曲，都可以穿越時空。它是每一個疲憊旅人的重生之地。站在斜斜的塔，深凝的雕像，你會遺忘此生的所謂遺憾，停留此地，時間會凝固。

Siena 教堂。

每個人在這古老的國度裡，都是孩子。

即使我病了，老了，我仍然像個嬰兒，每日歡樂的醒來，刷牙後，先嚐一口 Gelato。

人活著的目的不只是活著，而是克服挫折，克服必然的憂鬱情緒，快樂至上！

在佛羅倫斯，我遇到一名義大利男人，他有深愛的兒子，還有他曾經深愛的妻子。

如今他們都離開了他，因為他勤奮工作，卻忽略了家庭。

他因此失戀。

他非常沮喪，這已經不是第一次，面對相同的理由，來到佛羅倫斯，他變聰明了，找了一個比他還忙的女友，一個年輕女醫師，常常在醫院加班。

他寫下遺囑：死前吃兩公斤的冰淇淋 Gelato，分巧克力、香草、奇異果、杏仁，剛好代表他一生四段戀情，吐一口氣，此生圓滿。

你以為科技正在征服世界，但玫瑰色的輕騎摩托車，仍飛馳義大利小鎮。

AI 時代在這裡可有可無。

我想到我曾撰寫的一本書：「愉悅哲學：給逆境中的你」，書中介紹影響「地中海的快樂哲學」，由古希臘哲學家伊比鳩魯（Ἐπίκουρος，西元前上次拜訪此地，歐元之父 Robert Mundell 人還在。
搭著他自己開的敞蓬車，愉悅地穿山越丘陵。
當時告訴自己，六十歲，一定買一台 Porsche 911 學他，逍遙自在。
沒多久我得了光毒症，永遠不能曬大太陽。

三四一—前二七〇年）創造的生活哲學，伊比鳩魯成功地發展阿瑞斯提普斯的享樂主義，他的快樂哲學希望人們離開雅典（權力中心），目的是與世俗價值觀隔絕，在郊區和朋友分享食物、思想、美好的藝術……達到寧靜生命的快樂狀態。

可惜當年的伊比鳩魯只有馬鈴薯、橄欖菜……還沒有 Gelato 可以享用，Gelato 無法列入他的快樂清單。

Gelato，Gelato……或許它不只是大街小巷義大利共有的甜點，它也是上帝賜給來到義大利、所有人的恩典。

親愛的你們，別浪費沉浸於憂鬱情緒中，永遠記得，當你抱怨沮喪時，你的冰淇淋 Gelato 正在融化……

Enjoy！

20240609

女王告別佛羅倫斯的日記

如同魔術師創造的城市，總有那麼一天，到了我要告別的日子。

抵達時，我的心如乞丐，你慷慨地給予，從六百多年持續留下的痕跡中，我攫取你的光華。

黃金與錦緞般的夕陽，成為我不再失落的披作甲冑……

我將整個你凝縮成一聲心底的巨響呼喊！你讓我的靈魂、血液與生命重新歌唱。

我丟掉了恐懼，我扔擲了悲傷，我把自己不再只當成當代此刻的一個存在，當成即將逝去的病者。我是歷史迴廊中的使者，一個痴心的尋覓者。

生活是一個陷阱，這一點，我早就知道了：人生下來，沒有人問他願不願意；他被關進一個並非自己選擇的身體之中，而且注定要死亡。

但佛羅倫斯的歷史空間、雕塑、噴泉……總是提供著逃遁的可能性。

生命是有限的，藝術和歷史是無限的。

我好像一個疲累的生命士兵，從軍隊逃出，在鄰近的一個國家開始另一種生活。

僅僅兩個禮拜，在這個混亂的世紀，突然間，世界在我周圍都關上了門。

你教我明白，所有的事件，只是一個歷史的瞬間。一切都會過去。

我開始懂得笑看身處的角落及時代，在佛羅倫斯，隨著藝術家們離開，人們錯覺一種宏大的美緩緩離我們而去，愈離愈遠，好似一去不返了。

如果靜下心來，其實佛羅倫斯一直在這裡，等著懂它、愛它的人，在此相遇。

回到此地，我的心，我的生活的重量，變得愈來愈輕了。

（左）唉，我在這個城市裡，居然又開始賣弄「瘋情」，別了，66 歲女童！（右）女王告別儀式，廣場上遊客可能以為我在拍什麼戲。

在這趟旅程中，我越過了致命的限度。

離別之日，滾滾的人海中，一滴淚水，流下，再次坐上馬車，有始有終。

我溫柔地對你低語：旅行了很長一段路程，僅僅為了來看你，因為除非再見到你一次，我不能死亡，我怕會永遠失掉你。

我們再相遇了，我看見了，你放心地回到歷史。

親愛的，我們每個人也是歷史的一部分。

親愛的，我們並非相隔那麼遠。

親愛的，未來每天日落時，我會想起你。

親愛的，我會再回來看你。

Goodbye, My love, 翡冷翠。

20240610

羅馬沒有假期，歸途團圓 親愛的孩子們

晨光，叫醒了我。

太陽陡然升起，好像宇宙的鎂光燈，從黑暗到日光，僅約數分鐘。

周遭如此寂靜，我彷彿聽見月光還想敲擊我的窗戶。

胸中一縷聲音醒來，一首歌在我心中，歌唱著對你們的思戀。

羅馬沒有假期，歸途團圓親愛的孩子們

那些過早已先你們離開的哥哥姐姐們，羨慕你們年輕的血液、年輕的模樣，胡鬧、幼稚、不知道媽媽去哪裡的沮喪，都寫在你們的臉上。

尤其是丘吉爾。諾曼第登陸八十週年，他媽媽已經離開了快十八天。那個每天抱著他睡覺的母親，去了哪裡？

他們沒有地圖，不知道義大利有多遠。他們不知道歷史，不瞭解媽媽為什麼去了一個十五世紀的城市。他們的肉乾，才是不朽的，不是羅馬噴泉，不是凱薩皇宮遺址。

親愛的孩子們，思念在我的靜脈裡，巨大的熱情依然在我的血液中。

因為你們，我必須堅持地活著，在過去幾年，如翻山，如越嶺，度過難熬的疾病時光。

家裡傳來你們的照片，笑容穿過手機的畫面，生動的陽光依然在你們的熱情裡。

我即將回來，繼續過我們沒有過完的日子。

周遭如此寂靜，我彷彿聽見日光又敲擊著窗戶，催促我離去。

哦，誰知道——再過幾個小時，在寂靜甜美的清晨，在黑暗的豎琴聲中——你們會一一躺在我的胸口，吼唱壓抑的思戀和不想折斷的生命歡愉。

我將把蒼老的臉孔埋在你們的嘴邊，狂喜中慶祝我們的團圓。

啟程時的離別，不是很輕鬆的。

我愛你們，雖然我知道你們愛肉乾、冰淇淋，遠超過愛我。哈哈

我曾到過那裡

20240612

我曾到過那裡。
我離開了嗎？
思念是一抹陰影。
你留戀，對它窮追不捨。
馬的蹄音，已遠離；像時光，像世紀。
我夢見了一塊石頭，它曾在旅途中絆倒了我。
疼痛，沒有因為歸途而消失的疼痛，使我依舊連結
那個城市。
夜裡醒來，讓我情不自禁唱出歌聲。
像古老的民歌般唱著，疼痛使我擁有了信物，離開，
不是一無記憶。

此刻，我的耳邊響起敲了幾個世紀的鐘聲，我的心埋著偷偷收集了它，如搜集翡冷翠幾個世紀經歷的事件。

我不知道為什麼人只能愛一個狹窄的人？

而不是愛一個豎立近幾個世紀的城市？

這樣人生就不會只有狹縫的現在，它會延續到永遠。

而我們正在經歷的時代，將只是未來歷史的一頁，甚或一行字。

一趟旅程的結束便是夢的開始。

因為愛著，才會在歷史的尺度中，看著自己，看著周遭，看著發生在自己身上極為微小的事。

翡冷翠有太多可以講的故事，但對我而言，它更像一個充滿智慧的智者。

我把蒼涼的臉，放入雙手；抬起頭再看鏡子，我的眼睛如澈，如修練者看透一切。

包括人所自以爲擁有的光芒，它只是某幾個夜裡的星光。

包括托斯卡尼小鎮，它如靜靜守候，終而沒落，老去，必然消失的愛情。

包括當下人們嘶吼吶喊的事件，它只是翡冷翠某一天下午，意外的一場雨。

晨・語錄・

20240616

佛羅倫斯&威尼斯的穹頂

一個人一生有一門功課必須完成，找到隱藏版的自己。否則有一天，這個隱藏的自己，會如脫韁野馬，在你的人生扮演失控的角色。

——陳文茜

「孤獨」這兩個字拆開看，有孩童，有瓜果，有小犬，有蝴蝶，足以撐起一個盛夏傍晚的巷子口，人情味十足，稚兒擎瓜柳棚下，細犬逐蝶窄巷中。人間繁華多笑語，惟我空餘兩鬢風。

——林語堂《人生的盛宴》

人是拿來愛的，東西是拿來用的。這世界一團糟，是因為東西被拿來愛了，而人卻被拿來用了。

——《購物狂的異想世界》

經歷了這麼多灰心喪氣的日子，麻雀還在飛，我還在搬弄舊書，玫瑰還有蕾。

——余秀華

總有那麼一些時日，我們周圍的一切事物都會顯得那麼晶瑩透明和輕逸縹緲；它們在明亮的空氣中簡直無跡可尋，而同時又清晰可辨。那些近在眼前的事物也彷彿具有了距離，顯得遙遠起來，只能遠遠地觀看，而不能觸摸。

——里爾克《馬爾特手記》

20240627

每天夜裡，我總被魂夢牽縈的義大利，叫醒。

兩個禮拜又兩天，我還在和時差奮戰，我的心沒有回來，靈魂也留在佛羅倫斯。我的心停下，但沒有悲傷、有一種私密的連結，儘管疲憊。

在樹林、美術館、小鎮和不可思議的壁畫中，我痴愛著。

它們無法從我的記憶中飄離。

威尼斯一天天下沉，我好佩服仍然居住當地人民的毅力。一樓泛著綠色的水，好像大地的淚，牆外水漬早已毀損至二樓，居民每日穿著大雨鞋出門，他們是地球第一批看著自己輝煌家園死去的人。

即使如此，他們仍然堅持在居住的三樓、四樓陽台，種植一排盛開的花，與城市的破敗抗衡。那是寫下全球貿易千餘年歷史的威尼斯商人，最後的堅持。乘船而過的人，看到的不只是腐朽的牆門，還有生命如煦的花。

每天夜裡，我總被魂夢牽縈的義大利，叫醒。

威尼斯，你不會再見到我。而你也可以忘記你曾見過我。

我只是千年來的最後朝聖者之一。

一個男孩不知情向我揮手，月亮快出現了，滿潮的水對我們的船咕嚕晃延。

我是真實的，你是真實的。

這個征服世界的城市，如今決定把自己活得像笨蛋，仍有快樂，它相信每一個恆定的太陽，充滿光。

這裡沒人相遇:，瞬息間急馳過閃爍的陌生人，乘著明亮的 Taxi Boat——在水中搏動。

我的記憶是真實的，我的離開是不真實的。

每天夜裡，我總被魂夢牽縈的義大利，叫醒。

每天夜裡，我總被魂夢牽縈的義大利，叫醒。

Chapter 2

如此歲月，如此幸福

20241107

洗心——生活如玫瑰一個簡單的你

洗心，是星雲大師生前有回我幸福地和他共食時，他教我的人生態度。

每天睡覺前，把心洗乾淨；好像我們把身體洗淨一樣。經過一天塵事，心裡或許留下不少惋惜、情緒、感慨、遺憾……也或者過度自豪，因為某種外在的成績而忘了自己是誰。

每天晚上睡覺前，把這些不需要的虛榮或苦澀，通通洗掉，留下一個乾淨的心、乾淨的靈魂睡覺。

這幾天，我忙於美國總統大選，我們的節目和多數人不同，在上週六整理各家機構長期民調，已經判斷全國性選票不會差太多，但是川普將贏得大多數搖擺州選舉。

#川普會當選。這是我的預言。

我該為此判斷感到自己長期的努力，沒有白費，而驕傲？

#歷史已經走向新頁。我不必停留於自己的肯定。

而是理解並且思考未來世界的改變。

我會以Storm，狂人時代，形容川普當選。

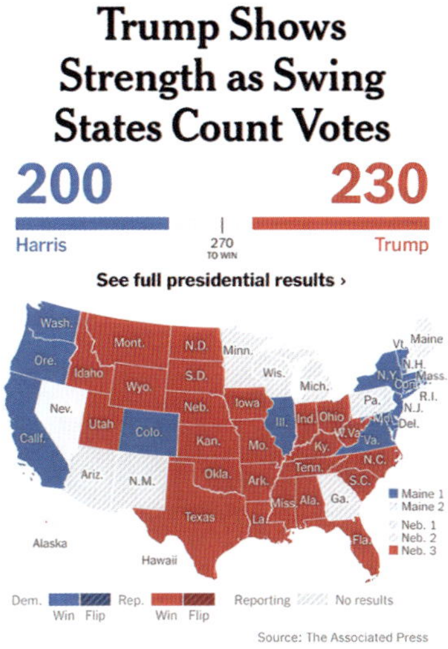

狂咳中，大選結果出爐。

生活不是一帆風順。

一個新的全球貿易和國際秩序已產生，它將翻轉一九五〇年以後的國際秩序，也將改寫一九九〇年之後低關稅的自由貿易。

#一個高關稅而不是低關稅的全球貿易

#自由貿易落幕了

這個現象將持續至少十年以上，直到它遇到瓶頸才會修正。

在此繁忙時期，我陽明山的家，因為一連串地震，還有下一個月的雨，以致牆壁大漏水。

我已經不能在家中睡覺休養。

我沒有哀嚎，聰明得先用小狗尿布把漏水點堵起來……之後等我這個禮拜日到美國哈佛大學附屬醫院住院治療時，才開始施工。

因此，這段日子，我又忙，又「無家可歸」。

生活如同一朵玫瑰，每瓣花代表一個夢想，每根刺昭示一種現實。

這是繆塞的話，和星雲大師很像。生活有刺，有美。歡喜了，心煩了，別意亂。

把心洗乾淨。

佛陀保佑，董承濂作品。

即使我這幾天咳嗽，一直都很虛弱；但我以意志力、乾淨的心，一步一步工作完，克服我的身體狀況。待會兒寫完《天下雜誌》專欄，心輕了。我把過去幾天的生活當作神話。

領先於一切的別離

20241110

這是我，在所有、各種別離之前，先跑前於它。包括情感，我不會留下，我會在別離到來的時候，立即轉向，不停留原地，哭哭啼啼。包括工作，我已經看到盡頭，我不會在盡頭出現後，才意識此路原來不必走那麼遠。包括疾病，我不會恐懼死亡。我直視它，不苛求，但也努力地聽著自己身體的聲音，注意變化，當有治療的可能性時，我會全力以赴，跑贏好像注定的命運。

前往機場，準備至美國接受細胞檢驗。因緣際會，像我一樣的罕見疾病患者，很少有這樣的貴人機緣，多半在病情中，起起伏伏，經常跑出惡化的疾病，一個不小心，人即告別生命。

我何其幸運，今天助理們紛紛為我整理好所有的行李，尤其藥物。帶著一大箱藥品出門，已成我的生活常態。藥物行李廂是銀色的，閃閃發光，像極了星星的祝福。

美國醫生已經幫我安排好檢查，而她的媽媽，是世界周報的觀眾，特別飛來波士頓，希望照顧我。

人最大的恐懼，是恐懼本身。

有了六月的翡冷翠之行，這次我沒有任何恐懼。反而看到助理放了快三十個N95、滴露、抗生素、急救針……我問她：「這是準備去美國開藥房?」

為了保護胃吃藥，還帶了一個特殊煮米湯的鍋子。準備到時候回臺北前，丟給美國舅舅。那模樣，挺像以前大陸農民工春節返鄉，大包小包。

紐約是我人生第二個故鄉。以前我住的布魯克林（Brooklyn）旁邊的展望公園（Prospect Park），昨晚起火，好像火燒紐約城。當地已一個月沒有下雨，空氣因此糟透了。紅紅烈火，燒的是一百多年的大公園，燒的是我青春歲月的痕跡。

剛剛離去的乾燥秋季，落葉成為燃燒的紙錢，哀悼已經死去的過往。

我的情人 Shahtoosh 今天特別來送行，祝我順利返家。

我看著短短的影片，感覺火焰的聲音如許真實，好像要什麼都給毀滅似的。

把一切粉碎在它的音聲裡……燃燒裡。

好不容易可以回到紐約，舅舅將帶著我去他的紐澤西湖邊房子小住兩天，再前往哈佛大學醫學院附設醫院……紐約的天空，現在是橙色的，如鬼神哭號。

他說。

紐約在我的心中是不可取代的青春，活力，追夢，回憶；如情人一般。

如今久別五年，我卻必須和她相逢不相見。

而且用的是逃離的速度。

呼吸是最後的自由，情愛也得割捨。

我帶著治療疾病的渴望抵達，但生活總是逐漸的、不知不覺的，在一段時間後，告訴你意想不到的答案。

無願

20241113

這是我的好友張小嫻的話：

我們覺得許願很美，後來才明白「無願」是最幸福的，因為已經無所求，想要的都已經有了。

這幾年我過生日的時候，已經很少為自己許願。吹蠟燭時我總是許願：願所有在場的朋友們身體健康。生病的人，充分體會失去健康的意義。

現在的我，對健康當然不會期待，也不可能期待；我對生命隨緣自在，不輕言放棄，也不刻意強求。

但我還是許願，願世界受苦的人少一點；願當我還有能力的時候，可以為他們多做一點事情。

上週末主持《文茜的世界周報》後，先飛抵紐約，週四入院哈佛大學附屬醫院。

一方面看診，尤其檢驗細胞，希望找到到底是啥玩意兒細胞在我的身體裡攻擊來攻擊去？造成腦部部分功能喪失，而且淋巴系統……甲狀腺、下視丘全面攻擊……

如果可以找到源頭，也找到藥物，是我莫大的福氣；如果找不到，也不用失望，繼續好好「無願」地過日子。

抵達紐約，先到舅舅的湖邊夢幻之家。自從外婆走了以後，舅舅常常告訴我：「我的家就是妳的『家』。」

在舉目有親又好像舉目無親的特殊人生狀態下，舅舅對我的情懷和關愛，一直住在我的心裡。

他是外婆對我，愛的延續。

回到湖邊夢幻屋，以前一定守著門口等我的秋田犬Alice，已經走了七年。偌大的房子，好像空掉了什麼。

這是我第一次回紐約會感覺心傷，也感覺自己真的老了。即使二〇一九年肺腺癌開刀後七個月，至麻省理工學院當訪問學人，飛機降臨機場時，我望著點點繁星般的城市，心裡還是一片激動與歡愉。但人到底不是鋼鐵做的，這幾年生病及境遇的折騰，老了我的心志。我不再抱著純真樂觀的心情，看待未來及世間人事。

抵達世界上我最喜愛的城市之一，那些友人及回憶，或離世，或已消失。

直到今天夕陽時分，坐在湖邊花園裡，望著秋葉飄落，和它說說話，我才又實實在在地觸摸了新的歲月。

望著湖水，我問著湖中天鵝，歲月是用時光來計算的，那時光又在哪裡？

湖邊森林的秋色，繽紛，蔥蘢，也幽暗。氣候太乾燥，有些松樹已半禿枝了，有些仍在等待一場白雪，掩蓋也擁抱枯寂的它們。

回到這裡，太多的感觸。

這將是我最後一次回到舅舅湖邊夢幻之屋嗎？

我不知道。

不論治病的結果是什麼，離開時，我會溫柔地告訴那滿地的秋葉，那蓋住 Alice 墳地的落葉：

我記得你，我永遠不會忘記你。

我虛弱如夢境，愛你如初醒。

我的小美阿姨

20241116

風吹來，緩慢移動著。

波士頓的天氣，乾燥但尚未冷峻。小美阿姨，拉著我，在門口等待 Uber 時，開始繞著圈子。「妳要多運動，走路。」

她大我十歲，臉上總是堆著笑，聲音如雲雀，清麗溫柔：

「妳一定會好起來的。」

「深深的呼吸空氣，今天的空氣好，甜的。」

如此歲月，如此幸福

我的小美阿姨，她說話像少女，智慧如修行者。

太陽溫暖她的牙齒，她的舌尖潤濕它們。
偶爾的風使我們更靠近。
我牽著她的手，不是因為她年長了，穿著束衣，而是我不知道小美阿姨是哪裡來的天使，她特別從加州飛過來照顧我。
當我抵達波士頓看病，待在我的醫生位於波士頓最美的大道 Commonwealth Ave 公寓裡時，她站在門口，笑盈盈的。「叫我阿美，簡單又好記。」
我們當然不可能如此叫著一位恩人，一位長輩。
小美阿姨介紹這棟建築物，大約建於一九〇〇年初，大理石的雕塑，彩色玻璃，鐵件大門的細緻，門口一棵不大不小的樹開了綠葉，結了紅色小果。
「它好美，你在這裡好好休息，不要住旅館，浪費錢。」
小美阿姨說著這些話，好像路過的行人。事實上，這是她女兒的房子，小美的口氣沒有一絲絲炫耀，
「我是來照顧你的，我是妳的大粉絲。」

出發前，我只知道我的醫生 Chris 三歲時離開臺灣，去年她特別見了我一面，回到美國，更改我劑量過高的藥物。從此我的身體慢慢穩定，雖然仍是一個重症病人，偶爾會有急性腎衰竭等小問題，但我的水腫慢慢退去，我的日子不再過得呼天搶地，好似人隨時可以走了。

Uber 車子到了，小美阿姨拉著我的手，問：妳能自己爬進去嗎？我回她可以，上了車，這位大我十歲的小阿姨，擁抱著我，告訴我，一步步，相信自己，妳會好起來的。她特別來照顧我，但不慣著我。

白色控的我，愛上 Chris 的設計。

前一天，小美阿姨的女兒、我的醫生即提議，我希望我的媽媽可以「收養」妳，這樣妳就變成我的大姊姊。「我的母親是一個付出者，她總是不斷地給人愛，她從不希望麻煩人，更不會希望自己老年拖累小孩。」當時我們正在車上聽著紀新（Evgeny Kissin）彈奏的布拉姆斯 Waltz，紀新音樂的輕柔純淨，加上我的醫生 Chris 充滿愛的語言，這個世界所有的不美好，瞬間被擋在車窗以外。

我的小美阿姨，畢業於國立師範大學英文系，畢業後在光仁中學教了幾年英文。七〇年代和先生一起來了美國，一開始，先生的生意還沒有起色，這位英文老師先在餐館打工，洗盤子，之後自己也開起小店。她出色的女兒，小學時，就在自家餐廳打雜幫忙。

「吃過苦的孩子，將來才能辛勤工作，面對世界。」

她稱許女兒，但沒有任何捨不得。她不會像某些華人，有了錢，把女兒送私立中學。Chris 一路念著公立高中，上了麻省理工學院，之後哈佛大學醫學院，醫學院博士。現在她擁有一家生技公司，同時也是哈佛大學附屬醫院的董事。

女兒如此優異，小美阿姨還是帶著很普通的毛帽，穿著樸實的衣服。先生二十年前腦部出血走後，她決定一個人過日子，住在她們一到美國即移居的洛杉磯旁小鎮。

「為什麼不搬至波士頓？」

這裡有她疼愛的女兒、孫子、孫女。

小美阿姨的回答很特別。

「我在那個小鎮吃過苦，那裡有我許多的回憶。日子過得最清苦的時候，我看著一個小磚房，心想我要更努力，有一天，把這個小磚房買下來。雖然之後，我買了更好更大的房子，但那個小磚房至今還在，它提醒我，我的人生多麼滿足，多少願望已經一一實現。」

小美阿姨的媽媽和郭台銘的母親都是山東人，一九四八年逃難的時候，沿途互相照顧，因而結拜姊妹。

說起兩家之親，她的態度是：我們這樣的小人物，沒有想到郭董成為大企業家，仍始終念著舊情。

借居我的醫生位於 Boston 的住宅。
氣溫開始下降，預期下週會有一場雪。我住的古典公寓，門口的葉子，黃了。紅色菓子，格外的紅。

先生走了以後，郭台銘勸她，不能一個人住在這樣偏遠的地方，小美阿姨開心地說，我只聽了他一半的話。我在家裡附近的大學，找了一個學生和我住在一起，有事送我去醫院，通知我女兒，就好了！

「我們把女兒帶大，她的所有成就屬於她自己，親人偶爾相聚，但長輩要懂得獨立過自己的日子。」

「下次我們全家一起滑雪時，妳要不要一起來？」

小美阿姨連續問了三次，她不是客套說說。

我們抵達了醫院，今天我準備抽血，風不大，但她還是提醒我，下車穿上外套，別著涼了。之後在醫院裡，依照她女兒助理的指示，幫忙拿診單，向櫃台報到……抽血時，她代我拿著重重的衣服皮包，一個已經快七十七歲的女人挺挺立立的站著。

沿途，不斷向醫院所有的工作人員道謝。

儘管她心裡也擔心，我的血管那麼細，會不會抽血失敗，讓我又吃了苦。但她的方式，是不斷鼓勵找血管不易，有點緊張的年輕護士，「我們對妳有信心，慢慢來。」

走出醫院後，小美阿姨說她喜歡這風，她喜歡所有簡單的東西。她說人獨立了，就自由自在，沒有牽掛。人簡單了，日子自然平平靜靜，每一天都可以留下美好的回憶。

當她穿上外套，我想幫忙，她說文茜，趁著Uber沒有來，你多走，多動，你一定會好起來。

近傍晚，有點起風了。

此時，我們一起享受不怎麼冷，徐靜的微風。我的醫生可能不只在哈佛大學附屬醫院，還有小美阿姨。她讓我瞬間覺得自己不再是「病人」，而是風中奇緣的幸運兒。

對於小美阿姨，此刻享受著風，就是一切。

道別時，記得鞠躬彩色玻璃。

我不是病人，我是旅人

20241120

曾經我碰觸疾病像分分秒秒的時鐘，無休止地，從白日到黑夜，醒來，第一句腦海中的話：

「Another day another fighting day.」

可以活下來，在各醫生幫助下，找到疾病源頭，裝人工血管，打白蛋白及各種不同的維生素，歷經菌血感染，調整藥物治療，腎臟急性衰竭停止使用利尿劑……

這趟旅程，現在回憶起來，好像上世紀的事。

而現在人在波士頓，好似我的復活記。

麻省理工學院著名的人工智慧中心，夜景。

入院檢查發現需要不同的治療同時，也抽空至麻省理工學院人工智慧中心，採訪電腦科學與人工智慧實驗室（CSAIL）主任Daniela Rus。今年她當選美國國家科學院院士，剛剛又得了一個大獎。

我們許久未見，隨著多次採訪，我們成為很獨特的朋友。

上回最後一次見面時，我剛剛開始這趟生病的旅程。她拉著我的手，告訴我，她的結拜姊姊，人在德國，是全球最頂尖的質子專家，如果我的肺腺癌再惡化，她想陪我去一趟德國。

當時我們都以為，事情就這麼回事兒，水腫了，一起結伴去吃麻辣鍋，她們夫妻看著我，臉頰從半圓變成尖下巴，而且跑出腰身，一頓飯用掉二十個餐巾紙，因為頭上不斷冒汗。她大笑，「妳就是一個AI！」

她的先生在麻省理工學院讀書時，曾經獲得麻省吃辣椒比賽第一名，更是得意，他一直主張家裡要多吃辣椒。

我們都沒有想到，隔幾個月，新冠病毒來了，而我們原本以WeChat聯絡，但後來她被莫名「踢出」了WeChat。

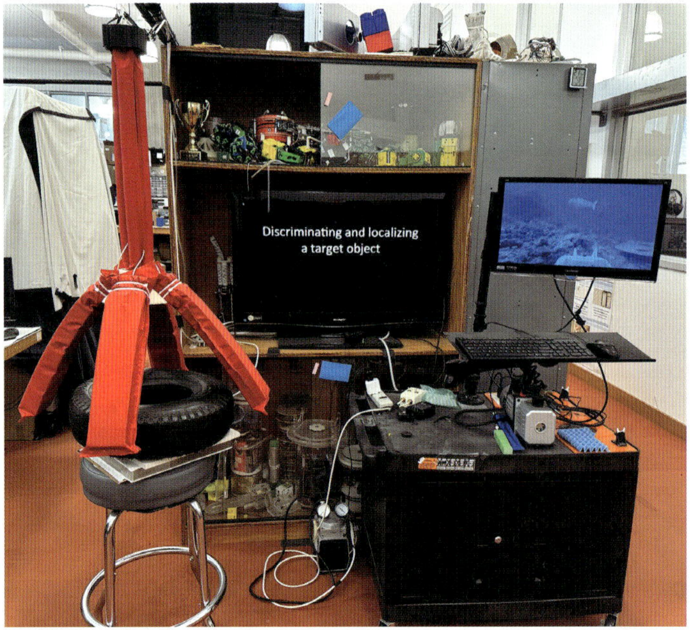
Discriminating and localizing
a target object

已經擔任世界最頂尖人工智慧中心主任近十年，近期Daniela又有了新發明：以特殊的程式，不同於Open AI，發展Liquid AI。她們的合作夥伴保密，對象不是一般消費者，而是公司、工廠……B to B她們以神經網路開發一種適應性更強、耗能更少的神經網路。人工智慧現在正在執行複雜的推理，但當下的演算法仍然太耗時、又耗能。Daniela從微觀蠕蟲中學習了某些程式道理，於是Liquid AI從麻省理工學院分離出來，成為一家充滿前景的新創公司，新型「液體」神經網路新人工智慧模型，將更有效率，尤其更省電。

Liquid AI使用的GPU只有ChatGPT約十分之一。

他們的夢想是：地球上再也沒有煤炭火力發電廠。

採訪完後，她非常搞笑地開著一台一美元的車子，載著我去一家充滿創意的高級會員餐廳。

這像極了她的人生，沒有什麼不能變通。

車子是二十五年的Suzuki，她在麻省理工學院的女兒買給祖父的禮物。只花了一美元。

這台手排擋老車，機械古老，容易修。而Daniela的Audi新車，因為電腦壞了，進廠維修很久，這使得這位頂尖電腦專家很惱火。

我們一邊開車，一邊聊許多大事，她來自羅馬尼亞，比一般美國人視野廣闊……但她問我一些問題時，突然發現不只俄羅斯控制媒體報導，美國的新聞也相當偏頗。她問我，在美國，她應該看哪一家新聞，才不會被誘導？

我建議 PBS (Public Broadcasting Service)。

我們在波士頓當地最特別的 Qin Club 用餐，此地不允許拍照，每層樓蒐集不同的藝術品，包括 Animation 和古鐘的結合，囊括義大利、土耳其、南美風格的設計。

「Sisy，搬到波士頓，我們一起為世界和平做一些努力，我希望 AI、科學不是拿來突破科技創造財富，而是幫助這個破碎、充滿憤怒和仇恨的世界。」

對於全球暖化，她不認為下降碳排放做得到，因為各國除了歐洲少數國家，都太自私了。她也不認為現在地球工程學家提出的方案適合解決氣溫上升的問題，因為他們的方法，也會傷害到人體。

下一個計畫，正在她無邊無界的腦海裡開始醞釀。

她在讀小學的時候，爸爸帶著全家，偽裝旅遊，逃離共產黨統治的羅馬尼亞。當時她和弟弟，剛剛下課，背著書包，什麼都搞不清楚，之後才發現父親和美國的數學家聯絡許久，以寄一堆看似垃圾的Coupon，陸續把機票、入境許可，寄到他們家。待在美國看到如今所有的政治變化，包括反移民，她的感慨當然很深。

吃飯前我們一起走在一百五十年前英國移民蓋的Commonwealth Ave，還有波士頓公園，回想歷史。突然間，我拿起原本準備送她的花園香水，噴了自己，也噴了她。

「這不是世界末日，我的病會好轉，妳會繼續走下去，找到世界的答案。」

「至少今晚，我們一起，不同領域，可是我們信任彼此。」她大笑回答。

「至少我們還有這瓶香水。」我說。

不知不覺中，她陪我走了醫生規定的四十五分鐘，兩個女人各自穿著高跟鞋、高跟靴子。

在波士頓我忘了自己的疾病——我不是病人，我是旅人。

我全身大汗，也忘了自己是個病人，更忘了我是來波士頓看病的。

我們並不握有海洋或樹林或核子的武器，但我們對未來充滿憧憬。

這個世界沒有什麼特別深不可測的仇恨。

#在波士頓我忘了自己的疾病

#在波士頓我遇見充滿夢想的科學家

#在波士頓這位科學家正準備領一個年度大獎而之前她根本搞不清楚那個獎項的名稱

#在波士頓我走在世界科技的頂端回顧過去討論當下對未來充滿憧憬

#在波士頓我不是病人我是旅人

#在波士頓我突然明白疾病也是一種旅程

等你醒來，我已離開

20241123

波士頓週五，看病告一段落。美東時間晚上錄影完，我將離開波士頓，一個全球聚集最多科學家的城市。準備錄影之前，看著遠方的戰爭，華府人事凌亂，擱下。

剛好好友蔡璧名寫了一首好詩，貼於臉書。我心再沒有暗影，在波士頓，我抵達時僅有的餘溫，已火燃成往日美好的熱情。

我會回來。

不只是為了身體的疾病，還有這個城市永不停歇的熱情。

不論人在何方，只要錄影，一定跟著我的可口可樂。波士頓時間星期五晚上八點在我醫生的公寓錄製世界周報。

璧名已深睡，借她的詩，更動一下：

你的思念成虛線
寂靜地無聲
穿越地平線
看似幽微
卻是走向無盡的
牽繫
我的思念成片
白桔梗
零落
小白菊
零落
太陽花
零落
即使夕陽
也會跟著
零落
但我對你的思念
不會零落
繁花一片　夕照天空
凡燃燒過的

不必然俱成灰燼
不必熄滅
留下習慣回憶的靈魂
如初不死的靈魂
想著
莊周那一諾
我會再回來看你

至於許多人關切我的醫療結果，部分醫療結果分享如下，給類似疾病的人參考，希望可以幫助某些用相似藥物的患者，減少危險及痛苦：

①檢查出是B細胞攻擊，但只能用免疫療法阻斷攻擊，這對我現在脆弱的身體，太危險。#所以繼續與病共存。

②試圖慢慢降藥，否則會引起腎衰竭，誘發癌症……但降下可體松或是類固醇藥物，劑量一定要緩慢，小心，一直驗血，否則會非常危險。（我的兩個醫生用語）

③免疫同時攻擊淋巴、唾液腺、甲狀腺，尤其腦下垂體、下視丘是太罕見疾病。（所以我可以當標本？）

④若生長荷爾蒙失調，有意外，或是開刀，會流血不止。必須經常抽血注意檢測結果：必要時打生長荷爾蒙……（會變瘦，Yeh）

⑤若壓力荷爾蒙低下必須多深沉睡眠，疲憊，是正常現象。（所以我適合冬眠，睡在狗熊床）

⑥長期光毒症及用藥，誘發嚴重骨質疏鬆問題，評估是否要打骨泥。過七十多歲，要更加小心。我安慰醫生，放心，我不會活那麼久。

⑦最好的消息：體溫長期過高，要常冰敷，還有#多吃沒有奶油的冰淇淋！！！！

綜合以上資訊：我得的病，叫#冰淇淋過少症。

這條街道，我曾走了很多年、很多次，到了夕陽之年，又回到這裡，好像什麼都變了，
但樹、風、美好的日子，都還在。

回家如重逢

20241127

西班牙語不說「醒來」，而是「recordarse」，意思是記錄你自己，想起你自己。

今天是我這趟旅程的最後一天。

過去幾日隔海相望臺灣舉國歡騰，聽著日本比賽現場響起國旗歌，我佯裝了那麼久，但我的淚水那麼誠實。

那是我生長的土地，我熟悉的音樂符號，當它在世界其他地方奏出國旗歌時，我的心充滿悸動。

沒有一個地方可以取代我們成長的故鄉。即使波士頓，即使紐約，即使翡冷翠，即使巴黎。

於是此行的最後一天，我不帶目的在舅舅家的湖邊散步，偶爾小憩，心自由地流動，告別，卻沒有了傷感。

我即將搭上飛機，回到我鍾愛的家。

它曾經給予我愛，也曾經給予我失落……

但是這個世界沒有一個地方可以取代它。沒有一個國家的國旗歌，會使我流淚。

很久很久以前，我已開始尋覓著何處是我的家園。

我流浪了那麼多個地方。我告訴自己：

你是世界公民。

直到一場比賽，一種歡騰，一個不能自已的感覺湧上，我更明白：臺灣，就是我永遠的家。

對於流離失所的思緒，有些事件就是來提醒你：何處是家園。

幾小時之後我將踏上旅程，此次回家如重逢，茫茫人海遊，此趟是歸途。

此次回家如重逢，茫茫人海遊，此趟是歸途。

回家！

20241128

從約翰．甘迺迪國際機場起飛，沒有往日對紐約的念念情懷，只有奔赴臺灣的雀躍。

紐約氣溫即將大降，歷經難以置信的乾旱，盼即將降臨的冬日，感恩節人人都有溫暖的家人可以擁抱，溫暖的手可以牽著，甜甜的吻互相祝福……

飛行的時間既延後，又拉長。

因為俄羅斯軍事演習，航空公司必須避開任何軍事危險區。

戰爭不是新聞，也不遙遠。它是生活的一部分。

對於我的故鄉，我愛過，痛過，哭過，但島嶼許多角落的人們，始終真誠。

我的心，超過了長達十七小時的飛行旅程，超過一切的，因回家，歡愉而立。

帶著治療疾病的任務來美，日子卻逐漸的、不知不覺的，在一段時間後，愈來愈接近我要的答案。

我不是病人，我只是一個需要經常服藥奔波各醫院的人。我不苛求身體的康復，但我希望自己從從容容地面對每一天。

生活永不會讓你失落，不論疾病如何摧殘你，只要你心存著愛，生活就是自己最好的朋友。

回家，真好！

2024.11.29

「二針夫人」

最偉大的冒險不是死亡，而是知道它不容易，卻堅持從容面對，好好活著。

帶著美國醫生的急救醫囑，回到臺灣。醫囑一部分是針對我的疾病，緊急時如何先自己或找身邊的人打針急救，再送醫。

①從此以後，我要隨身攜帶兩種針；簡稱「二針夫人✧」（一針：一〇〇毫克氫化可體松；一針：EpiPen 急性藥物過敏時使用）。

✧ 越南貨幣越南盾上印的頭像是民族英雄二徵夫人。她在千年前騎象，帶領軍隊，為亡夫復仇，打敗中國軍隊，成為越南人的精神領袖。

我沒有大象，要當二針夫人，只能騎「蝦吐司」。郭英聲攝影。

②當出現腎上腺危症時，立刻採取行動。狀況包括：感染伴隨發燒、失血一杯或其他原因導致脫水，骨折、腸胃道疾病、嚴重的外傷、燒傷，以及手術。

③腎上腺危症的初期症狀極為重要，必須立即施打氫化可體松，之後送醫。否則會休克，送醫已經太晚。

④在家中、工作場所或學校以及車內放置同樣的注射器。（天！）

⑤配戴說明病情的醫療警示手環或項鍊。還應該攜帶一張緊急醫療資訊卡，上面註明每天服用的藥物和劑量，以及緊急情況下可以聯繫的醫生。能夠辨識腎上腺危症的初期症狀極為重要，是避免休克死亡的關鍵。

⑥不應忽視微妙的症狀。

#草木皆兵

#佩戴手環如囚犯

#生死的距離很短，它並不遙遠。

#但快樂的感覺可以很長。

#感恩節感恩過去我好幾次病危，自己亂加了雙倍藥，不知不覺中救回自己。

#活著，心態平靜的活著，才是最了不起的冒險。

#從此拒看恐怖片，我的生活已經自導自演了，不必花錢。

#拒帶手環，不能戴項鍊。（為什麼不是太陽眼鏡，旁邊垂吊一些漂亮飾品，註明醫生要求的資訊？）

#二針夫人的時代，正式登臺。

#先吃火雞壓驚。

#以上醫囑分享腎上腺功能障礙的患者。因為他們可能沒有我的運氣碰上國際頂尖醫生。

君品酒店的火雞，一回來，送到，適時壓驚。

肉體衰老是一種智慧

20241130

嗨，衰弱的身體，你陪著我這麼久，度過那麼多的艱辛，完成那麼多的夢想。

我卻從來沒有寫過信給你。

天未亮，時差使我注視著你曾經光滑發亮的皮膚，有些凹陷，有些因藥物形成了紋路。

黑暗中，我提起沉重的茶壺，壺身斜倚，如相伴的你。

馨香的汁液，從瓷杯冒出熱氣。

我把你拖向靠近馨香的氣息……

我愛過你嗎？

親愛的身體，
還是我只是每天拖著你一次又一次完成不可能的任務，然後丟了你，自己沉沉入睡。
我喜歡你嗎？
這一刻我想和你一起啜飲。
我雙手圍攏，抱著你，
嘴唇泛起一絲笑容。
你日日都在衰老。只有不認病不認老的我，刻意忽略你。
我總是逃避答案，總是分神，因為從你的眼裡，我看見自己不願直視的痛處。
茉莉、伯爵、玫瑰，錫蘭，薄荷，馬鞭草……我愛那些茶的名字。
你愛喝哪種？
我不曾將這些香氣之水，倒在你的身上。
你怨我嗎？
怨我的無視。
怨我的自私。
怨我從未將目光投向你？
你像山頂上的採茶，專挑最芬芳的葉片採擷，給予我。
但我是一個冷漠的情人，而你已忍受煎熬太久。

今晨讓我為你濾一杯清茶，
奉上。

現在我們又要一起踏上另一個艱難的旅程，謝謝你
仍然無怨無悔準備再為我長期承受苦痛。
未來我們相伴的路，會更艱辛。我將更加倍地傷
害你。

親愛的你，我從未告訴你，當你愈衰老，愈疾病時，
我因你而有了更多智慧。
因你，我不再抱怨這個世界。
因你，我把心放寬如海。
因你，我學習諒解和放手。
衰弱的肉體，你沒有了以前的美麗，沒有了以前的
青春，沒有了以前的光澤。
因我而隱藏於你的巨大的水，更使你變了模樣。
因我而隱藏於你的癌細胞，隨時都準備待命攻擊。
因我，你日日衰老，
因你，我日日增慧。

親愛的父親

20241201

他一生，一直在等，等重逢的時候，她向他說些話，至少說她記得他們曾經許諾的人生，至少向他表達分離後她的念意。

她一直在關懷他。透過孩子，其實是自己的付出，希望他知道自己在這個世界上，不是孤獨一人。

她是我的母親，他是我的爸爸。

他們一生終於見面時，母親垂垂老矣，不復當年美豔。父親已經插管，睜不開眼睛，沒有了意識，但聽得懂一些話。她以日文向他鞠躬致歉，對於倆人

的離異，對於她的離開。她完全擱下婚姻中丈夫的錯，只向他表達：很抱歉，讓你老來，如此孤單一個人。

今天是我父親的忌日。再過幾個小時，他離世剛好足足八年。

提醒我父親忌日的，不是別人，是我善良的母親。

已經染上罕見疾病，沒有頭髮，打類固醇的我，及我美麗的母親。兒時情景，羅東。

她要我記得：當我小時候，那怕那是沒有記憶的時候，我的父親多麼疼愛我。每天下班後，父親回到家，從媽媽懷裡接過了我，他抱著，哼著曲子，母親這時才可以開始準備晚餐。「愛不釋手」，它不是形容詞；那是我的嬰兒時期。

我是那曾經甜蜜的家庭，因父親的嚴重失眠症，以及因父親服用當年失眠藥物副作用誘發重度憂鬱症而崩解的家，唯一最被完整疼愛的孩子。

「妳不能忘了他。我們一起在他的忌日，為他禱告。希望他放下所有的遺憾，希望他在另一個世界平靜安好。」我的母親留言叮嚀。

我的母親基本上是一個任性但負責任的美麗女強人。但她後來的「強」及「事業成功」是不得已的。她曾經渴望的是一個完整的婚姻，一個強而有力的肩膀，她可以依靠。

我的母親當然有權選擇當一個怨婦，怨恨我的父親耽誤了她一生；怨恨我父親重度失眠症，毀了她的純情青春夢。最後把孩子丟給她，一人扛起。

她沒有這麼做。

她們是有緣夫妻無緣家人。她在我父親晚年，默默地，一直透過兒子的名義，關懷他，每個月寄禮物或孝金給他。

從美國回來後，我接手了這個工作。

我對父親沒有記憶，在那個家崩解之前，我的身體已經先崩壞，去了外婆的家，一直由外婆照顧。父親母親舉家去了日本時，那個家，已經沒有我這個成員。

但從小，外婆即告誡我：「妳不可以怨恨你的父親。在外公歷經二二八坐牢，家族財產被沒收一半以上時，是你的父親慷慨賣掉羅東繼承的房子，拿了當時天文數字的臺幣，撐起我們的家。」

「妳的父親是我們家，永遠的恩人。」

右邊是我清秀漂亮又充滿愛的外婆，當年她二十歲。

父親自日本回來後，他與我母親的婚姻已經無法持續。

晚年他一個人，偶爾弟弟會去看他。而我，心情複雜，選擇逃避。

但我有一個地址，逢年過節，我會自己想像他會喜歡的禮物，請司機送食物、營養品……數十萬臺幣，表達我的心意。

直到父親因醫療疏失意外病危，我衝到加護病房救他，將他轉院至榮總。我坐在救護車上，心裡想著，當我還是個嬰兒時，父親抱著我長大，現在換我陪他最後一程，努力挽救他。

救護車車聲尖厲，如父親對他一生命運的抗議。他是一個善良、內向、憂鬱的人，即使出生羅東世家，但命運卻一路給了他最苛刻的折磨。他們是八個傭人的富裕之家，但他五歲時，他的父親在旅遊龜山島時，一個波浪，葬身海底。再一個波浪，他的日本籍媽媽，受不了家族妯娌為爭奪財產的鬥爭，在父親十二歲時，跪別四個孩子，回到她的祖國日本。從此，父親得面對沒有愛，招贅怨怒，掌家中經濟大權的姑姑。「這個家，窮的只有錢。」他說。

父親走之前幾天，我在加護病房每天握著他的手。遺傳的基因，使幾乎從未相聚的父女，兩個白嫩微胖的手，一模一樣。

然後八年前的今天，父親走了，我離開臺北榮總，望著天空，一片片破碎的雲……

再無緣的父女，過去至少我還有一個地址，可以表達我的關懷。我問著天空，從此以後，我父親的地址，在哪裡？

大多數人，人生都像一片片落葉，在空中漂浮、翻滾、顫抖，怨恨，最終無奈地委頓於地。

但有少數人，他們面對無情的命運，怨恨之風吹不倒他們。

他們的內心，有既定的善。只是他們把愛、關心，皆隱藏在心裡。

〈親愛的父親〉（O mio babbino caro）是義大利歌劇作曲家普契尼一九一八年作品。

O mio babbino caro
Mi piace è bello, bello
Vo'andare in Porta Rossa
a comperar l'anello!
Sì, sì, ci voglio andare!

e se l'amassi indarno,
andrei sul Ponte Vecchio,
ma per buttarmi in Arno!
Mi struggo e mi tormento!
O Dio, vorrei morir!
Babbo, pietà, pietà!
Babbo, pietà, pietà!

喔，親愛的父親，
……
若我的愛只是徒勞，
我將走向舊橋，
縱身跳入雅諾河中！
我心如此苦痛！
喔，上帝！我寧可死去！
父親，同情我，憐憫我！
父親，同情我，憐憫我！

歌曲詠嘆的其實不是偉大的父親，而是現實情感的掙扎。

親愛的父親，八年了，在另一個世界，你還好嗎？

親愛的母親，親愛的外婆，謝謝妳們永遠教導我愛及寬恕，而非怨與索取。

妳們的美，不是世人看到外表的美，而是無論命運如何捉弄，妳們那寬厚感恩，永不怨恨的內心之美。

我和我的母親，當時我五十五歲，母親八十一歲。

20241205

你不珍惜的每一天，不是你的

她說：經歷了這麼多灰心喪氣的日子，麻雀還在飛，我還在搬弄舊書。

但玫瑰還有蕾。

如果你懂得月亮的好看，或者你的生活就會豐富些。

白先勇老師在《樹猶如此》中如此寫下他對一生友人罹癌過世的思念：

「我們憧憬的人生前景，是金色的；未來命運的凶險，我們當時渾然未覺。」

命運對我，算凶險，也不算。

我沒有歷經國破家亡，沒有成為戰爭中廢墟的屍體。

但疾病催著我，我才以為自己往前一步了，它又狠狠地把我拖至樓底，逼著我仰望殘破的身體，以及似乎愈來愈有限的生命。

在家裡，搜集全球美麗的耶誕布置，還有日本楓紅。

但我依舊熱愛我的生活。我不後悔這趟人生。我認真地玩了這場遊戲，不亦樂乎。儘管最終，我一定會敗給疾病。

然而這種失敗的本身，本是屬於生命的一部分。

無論未來如何，大海上的清風，草地上的玫瑰香，我，呼吸過了。

正如夢和清晨，風和傷痛，愛情和燃燒，你必須讓它們來，才能讓它們走。

我們的疾病，只是一種疾病。它沒完沒了，但我還是可以靜靜地旁觀它。

當它過度糾纏你時，你不要太在意。

Let it be

我陷在疾病的母語裡，可是它不是牢獄。

親愛的妳，逃跑吧，接受它，忽視它，勇敢且堅定地熱愛生活。

20241206

和未來下一把賭注

你永遠不會對生命有足夠的把握。

賭贏了，歡樂大笑。賭輸了，平靜的接受事實。

我正躺在臺大癌醫的正子中心，準備檢查我的癌細胞擴散到什麼程度。

許多人不明白為什麼我常常寫醫療的事，那應該是個人的隱私，我的撰寫，甚至被某些人認為是博取同情。

我書寫的對象，不是健康的人，而是罹患重病的患者。我們該用什麼態度，好好活著，與病共存？

若病情惡化，該怎麼面對？

星雲法師生前，曾經告訴他的弟子，每個出家人都應該生一場大病，對生命之苦，才能體會，對他人的疾病，才會有同理心。

在遠赴波士頓哈佛大學附屬醫院就醫時，我本來以為自己已經病情穩定，只是找到攻擊的細胞，是否有藥物可以阻斷攻擊。

結果在哈佛大學附屬醫院時，我才知道我這類病人在美國醫療是列管病人，身上要帶手環，袋子裡有100ML Hydocortison 急救針，隨時急救。它的病名叫腎上腺危症。舉凡骨折、手術、麻醉……都可能休克，必須先做好準備，先打 100 ML 的藥物預防休克。

簡單一句話：我以為的穩定，是活得糊裡糊塗，我以為自己去佛羅倫斯是圓夢，其實是冒險。

反正我活得不明不白，好過死得明明白白。

#我的美國醫生同時警告我，過去三年使用重量類固醇及可體松的後遺症——癌症。要求我立刻做MRI。

於是回來臺灣第二天，我即刻在振興醫院進行健康檢查。

是的，我的美國醫生果然是世界頂尖醫師。我的肺腺癌復發，而且肝臟也有三個腫瘤。

經過好幾個醫生複診，包括臺大外科部主任陳晉興、好心肝院長許金川教授一一確認後，我即將和未來人生進行一個大賭注。

正子攝影的結果會告訴我，我的癌細胞是否已經擴散？

舅舅為了鼓勵我，P圖搞笑。

三小時後，看我和命運，誰賭贏了？

#此文是希望所有病人慎用類固醇，或者Cortisol。切勿長期使用。如果一定要使用，一定要慢慢降低劑量。

#去年九月我的肺部影像顯示沒有任何癌細胞。

#如果是長期類固醇使用者要每年固定以MRI追蹤檢查。

#希望你們都可以比我更健康。

20241206

我賭輸了！和疾病賽跑時間

他搖著頭。這位仁心仁術全臺灣最出色的肺腺癌外科醫師陳晉興，看著片子，不敢相信我的病程這麼快。

「去年九月，電腦斷層掃描還乾乾淨淨……怎麼可能一年發展成這樣？」

拿影像給他，我的製作人，如此描述陳醫師。將近十分鐘，看著所有影像，從肺一個、肝臟二個……他不敢置信。

抵達臺大癌醫中心之前。

做正子攝影確認癌細胞擴散程度時，我平常心的在機器裡睡了一個好覺。醒來，正子攝影結束，本來準備走出大門。他們面色凝重地告訴我，肺腺癌復發確定，肝臟三個腫瘤中，兩個惡性，一個水泡。

不知情的孩子，請你們快樂下去。

這些是我早已料到的，正當我準備站起身時，醫生小聲說：右骨盆腔也有一個。

這是什麼癌細胞？發展這麼快？

我擔心影響我的工作，及生活的定力，立即問：腦部呢？

他們回：沒有。

喘了一口氣，向醫師、影像師、護理師鞠躬致謝。

走出臺大癌症醫院。車上一一回答特別關切的親友。

他們多半很傷心，我的淡定讓他們心疼。最後只好指定他們各自買我想吃的食物。

怪了，突然有了目標，口氣也變了，中氣十足「好，我馬上去訂，星期一妳入院時送給你。」

為這樣的日子，我已經準備很久，對生命的長短，我沒有執著。對於死亡，我早已習慣了，接受了，隨緣自在。

捨不得的是那些愛我的人，他們的傷悲；更捨不下的是我的孩子們。

癌症即使發展至此，也不是絕症，「明天我就要死了」。它還有長長的一條路，除了積極治療之外，它給你足夠的時間，準備好這生命最後的一段旅程，你要怎麼過？如何好好把握它？

如果懂得這個道理，即使只能再活五年，或者兩年，它可能比以前我們不夠堅定的十年，更值得，更精彩。

我突然很高興自己的腦部疾病，已經將我的身體摧殘成只剩三條可使用的主靜脈，摧殘成不能接受化療、免疫治療的患者。

這使我直接跳過一些身體的痛苦，接受比較溫和的標靶治療及質子治療。

它使我不必為了延長生命，失去最後旅程的怡然自在。

過去五年，我的疾病本來已經數度將我折磨成一個活得非常疼痛的人。

我一次又一次跳壘成功。

即使因病增加了不少智慧，我仍然免不了捲入紅塵俗事，沒有做到足夠的超脫。

願我未來的旅程，心中只有陽光，沒有陰暗。

願我更懂得珍惜這個世界所有美好的事物，寬恕他人的過錯。也希望別人，寬恕我曾帶給他們的傷害。

回憶是美的，我有著美好的一生。

我將自己多數時刻，希望奉獻給值得的事。這一點，我捫心自問，至少我做到了80％。這一生我未曾以爭奪自己的名利，當人生目標。

傷感之事，換一個角度看，人與人，能相遇，不容易。錯的人，錯的時間，錯的事，擱下。

願我靜心的走完這段病程。

願老天給我足夠的體力，繼續完成我的未竟之事；尤其《文茜的世界周報》。我會努力工作，直到最後。

願上天憐憫，讓我可以陪著我的孩子們到最後。給他們一個溫暖的家，一個虛弱但很愛他們的媽媽。

知道自己比過去更重病後，我看到的世界愈來愈美。

我獨自一人，卻很自在。

我別無所求。

我不準備當疾病的人質，明年目標：義大利 Verona。

20241209

親愛的老朋友：你比情人更親、更熟悉，好久不見

——裝上人工血管以及布置聖誕節

點亮黃昏的第一盞燈，我在室內憩息，心平氣和，認定那窗外的風景，以及新裝上的人工血管，會帶我走向終極之善。

相隔一年半，人工血管又回來了。

這次幽會變得無比濃郁。

我們凝聚成一個整體，剝脫了不必要的注射困擾、
抽血困難重重的心灰意冷。
融為一體，披肩緊裹著我倆，給我們的再相遇送來
一陣暖意，一股力道，神奇的補給。
謝謝傑出的臺大癌醫中心醫護人員。
謝謝為我布置聖誕節裝飾的大才女設計師陳季敏。

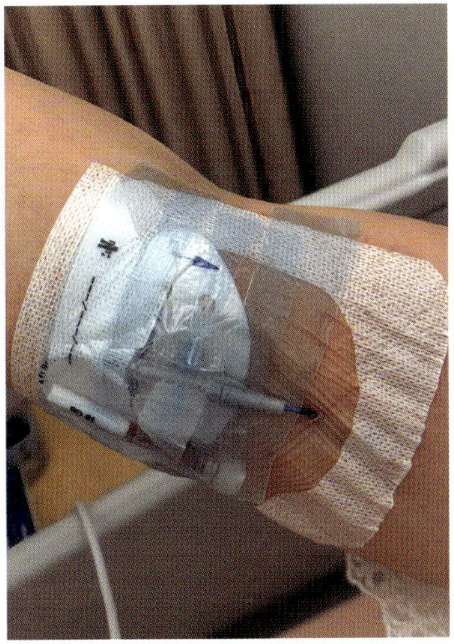

裝上人工血管，以及為自己布置的窗枱。聖誕快樂！

千分之一？

20241210

清晨的日光被一片霧氣遮掩，天空暗淡又怠惰。

儘管每個清晨的時間好似一樣，但它每日都有不同的樣貌。

正如我們的生活時而令人痛苦，時而迷惘，時而柔情脈脈。

今天清晨的我，心中自帶陽光。

待會兒準備切片。

某位大名醫說我有千分之一的機會，可能是隱球菌感染，而非Cancer。因為擴散太快，不符合常理。

隱球菌仍然要手術，抗生素治療半年。

千分之一？

我把一切交給命運。沒有苛求，也不必擔心。

待會兒準備切片。

開心穿上自己準備的可愛大耳狗脫鞋，準備進入手術室切片。

起飛！

Sisy Wonderworld！

給世界周報的同仁和觀眾

20241211

在冬天，暖暖的
依偎著你們的溫柔祝福
我把心
輕輕的呵住
人生也不一定
什麼事非得挺住
如果挺不住
也沒關係
我只為你們的愛、我們共同的使命
而活
深呼吸
把心輕輕放下

世界周報十九週年紀念日，TVBS 攝影棚。

（左）世界周報 15 週年合照。（右）2015 年，世界周報前進巴黎聯合國氣候變遷大會，凱旋門前錄影合照。

我是一艘在湖水中划行的船
槳打著湖水
波紋柔清
從一個小圈圈
漸漸往外擴散
正如我們每週共勉的使命
十九年後又三個月，已成永恆的印記
我是一艘小小的船
但也是永不放棄的船
我的眼淚是陌生的
我的感恩是熟悉的
我不必也不會哭泣
對於你們
我只有永遠的信任和感恩
週六週日晚上九點，如約相見。

快樂病房：你不大笑的一天，不是你的

20241212-1

「世界周報」製作人昨日離開我的病房，回到辦公室與同仁開會。提到我生病的狀況時，她形容：「女生都紅了眼眶，連我這個二百五都哽咽了，男生一臉嚴肅，一句話都說不出來。我們這群人跟著您畢竟時間長久，感情深厚的不一般，您別嫌棄，在您面對疾病的路上，希望我們文茜組的同仁也可以繼續陪伴您。」

我才想告訴他們，別為我傷心時，病房出現一名侏羅紀公園的「粉紅瓦斯」送貨員，她是世界周報歐州特派王雅倫。她剛剛出了一本書《姐在羅東賣瓦斯》。

她希望，我即便在病房，也要快快樂樂。

於此星球，我們付出多麼高的代價，才能無憂無慮的好好活著。

切片檢體將送和臺大癌醫合作的美國 Boston Rothe Institute 配對免疫藥物，至少需要兩至三個星期。

生命本是一場穿透黑暗的白色飛行。我在正式治療開始之前，要好好享受無憂無慮、每天大笑的生活。

#願所有的人尤其病患每天記得大笑！

#當你還活著時不要憂慮疾病的事，它不會因為你的憂鬱而消失。

#每天大笑！當一個快樂的病人，那才是人生最高境界。日子剩下愈少，笑愈大聲，笑得穿過雲，穿過陽光，最重要的——穿過你的心！

20241212-2

愛是一個具體的動詞：收到臺大癌醫中心基層員工的一封信

那是一張皺皺的紙，上面親筆寫著工整的字，沒有華麗的詞藻，紙上盡是真誠的情。

寫信給我的是臺大癌醫中心裡，將病人送往手術室的醫療基層員工。

自從知道我的癌症來勢洶洶，尤其切片之後，發現不是原來多數醫生判斷的肺腺癌，而是更惡的黑色素癌，一下子擴散至多個器官，跳到第四期，我未曾沮喪，始終冷靜。

直到這封信，簡單的文字，來自一個簡單純潔的心，我終於流下了眼淚；不是為我即將面臨比肺腺癌更惡的黑色素惡性腫瘤迅速擴散的生命現實，而是收到此信後，回顧我的這趟人生，我的心，被滿滿的愛包圍。

一個非親非故的人，對我如此誠摯的祝福，我只有感恩，感動。

這一生，我沒有遺憾。

以下為信的內容：

⋯⋯⋯⋯⋯⋯

文茜，我愛你

我一直都很欣賞你。

連兒子都知道：你是說話有深度，很有魅力的女人。

我不是追星族。從年輕就默默的欣賞你、崇拜你，能夠那麼近的和你說話，和你握上手，我非常感動，何其榮幸呀，你的平易近人讓我更崇拜你。

你的癌症復發，我很心疼。

我從報導中，知道你很有智慧理解～在生命最後一段旅程要怎麼過？

如何好好把握它？讓生命更值得更精彩。

我深刻體會不是生病的人需要，每個人都要過好每個今天。

我熱愛我的工作，以傳送（病人）工作為榮，盡自己能力付出，讓自己的生命更具有意義，就如同你一樣。

感謝你為臺灣社會的貢獻，感謝你讓我心想事成和你握到手，一切都很感恩。

深信～一切都是最好的安排。祝福你～每天都喜樂平安。

美〇

2024.12.12

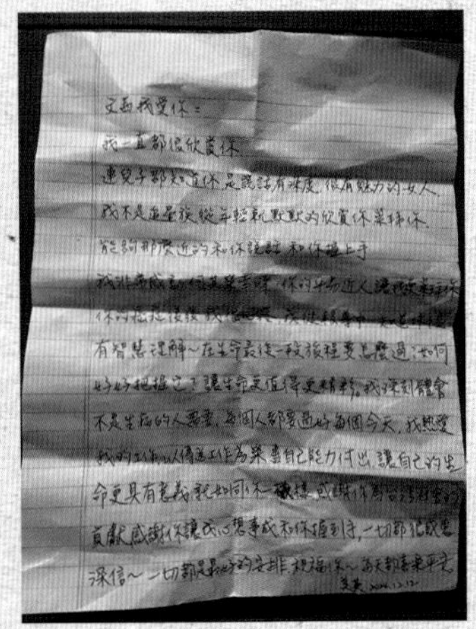
文茜我愛你：
我一直都很欣賞你
連兒子都知道你是說話有深度，很有魅力的女人
我不是追星族，[illegible]默默的欣賞你崇拜你
能夠那麼近的和你說話 和你握上手
[illegible]
[illegible]
有智慧理解～在生命最後一段旅程要怎麼過，如何
好好把握它，讓生命更值得更精彩。我深刻體會
不是生病的人需要，每個人都要過好每個今天，我熱愛
我的工作，以傳送工作為榮，盡自己能力付出，讓自己的生
命更具有意義，就如同你一樣。感謝你為臺灣社會的
貢獻，感謝你讓我心想事成和你握到手，一切都很感恩
深信～一切都是最好的安排，祝福你～每天都喜樂平安
2024.12.12

世界周報五週年海報。

何其幸福的我！

20241213

#我聽見了疾病的呼吸，

#我因此更看見了生命的光彩。

我珍惜每一天的時光，每一個相遇的人。

#今天最開心的事：器官黏膜黑色素癌（非皮膚癌，非肺腺癌）雖已擴散多器官，

#但居然沒有進腦袋！！！！！

放鞭炮！放鞭炮！

#我可以繼續錄製節目，廣播，寫作。

Hallelujah！

#星期六星期日晚上九點世界周報如約相見！

生活藝術家 Gemma 為我編織的夢幻椅子。及趕在我出院回家前，聖誕裝飾。

20241214

再見！我的渣男疾病「情人」

我的靈魂中沒有痛苦的位置，我的靈魂不為疾病而活。他只會粉碎一切希冀，為的是讓他可以控制我，影響我的情緒，勒索我的剩餘人生；因為他是不折不扣的渣男。

他希望我成為一個懦弱而恐懼的人，期盼起死回生，成為他這個渣男的奴隸。

從此攀著他，無用地把自己擺在他的腳底下。他好似和我緊握相親，其實他只是一味地吞噬、索取。

他比冷漠的情人還糟，他無血無淚，他偽藏於我看不見的地方，晨夕黑夜時時刻刻炙燒著我的器官，他就是一個「渣男」。

一個只管自己享樂，不負任何責任的渣男。

上路吧，痛哭與歡笑，都不會發生在你我之間。我狠狠看穿了你，包括你那些把戲，你就是一個渣男。我的身體暫時擺脫不了你，但我想忘記你，永不懷念你。我不要你盤據我的腦海裡，你不值得，因為你只是一個無情冷漠的渣男。

我會練習將我的心和身體保持距離，你這個鬼渣男，進入我的身體，未經授權，未經同意，你用狡猾的方式，靠近我，趁著我虛弱的時候，擄掠我，你既不光明，也不正大。我知道當你吞噬我，等到你滿足的時候，你沒有任何依戀，連屍體也不會多瞧一眼，因為你就是一個沒心沒肝的大渣男。

我的心，已鄙薄了你，有一天我的身體也會解脫離開你，永世離開你這個爛渣男。

如果我的人生還有可能出現奇蹟，就是不管身體內你我的拔河，誰輸誰贏，我的心裡都不會有你的位置。為一個渣男，心情浮動，七上八下，我，沒有那麼笨。

滾吧！渣男。

再見，渣男。

如此歲月，如此幸福

20241217

在臺大癌醫中心門口碰到我崇敬的學者，她因爲肝癌動了手術，不必化療。和半年前，我遇見她時，蒼老一些。

可能是上了Google，她悲觀地認為自己的存活率只有50%。

我用一個她會熟悉的方法告訴她，通常不必化療，表示不嚴重，而且我們站在花園裡，此刻每一口呼吸，都是100%，空山新雨後，天氣晚來冬……隨意春芳歇，王孫自可留。

這是王維著名的詩，我略修了一下，把秋改為冬，最後一句意思是：任憑春天的花草凋謝，我覺得自己完全可以「留下來的」。

我覺得自己又純真又可愛，像一個領到禮物的小孩。你們同意嗎？

以為自己是女王進了皇宮。

人工血管 PICC 裝上，無礙舞姿。我的腰好挺，至少……

對一名癌症病人，什麼時候是生命的結束點，往往過大過重。時間似乎不存在於當下，而是不可知的未來。

病人似乎得時而不時提醒她，才能意識到「當下」，「未來」經常沉重的壓在她的心上。

其實未來、存活率、復發率，只是參考值。你活下來，對於你而言是100%，你若走了，也是100%。對於你而言，那些存活率那怕80%，也沒有意義。

我經過幾天的修練，已經沒有生病的意識。

它就像是一面鏡子，是我生命中的折射，或許映照出一間荒蕪的空屋、淒涼的空間；但我不必理睬。

我還活著，我還在呼吸，還可行動自如。

別忘了，我六月時還是翡冷翠拿著Gelato自封的女王，當時癌細胞已在我的身體裡，但我不知情，歡樂坐著白馬車，夢遊十八世紀，買十三世紀已經開始製造的香水，還吻了一次米開朗基羅的石棺。

人生，對於生病的人來說，只要一口氣、一些體力還在，就要真誠體驗幸福。

千萬不要相信Google的統計數字，它只會構成你更狹窄空間。

疾病已經迫壓著我們，不要自己加壓迫害自己。

相反地，我們要相信現在，相信你正走過的時時刻刻，不斷扮演各種歡愉的角色。

有空的時候，踩踩大地，別忘了大地喜歡和你的赤腳接觸，風希望和你的頭髮相戲。

獨處的時候，一遍又一遍地重複著那些真正疼惜你的人，說的那些話，彷彿那是詩。

聰明的人，領著命運走。不管命運交響曲音符是高音還是低迴。

千萬別讓命運拖著你走。

挑出心靈，把純潔的和強壯的放在一邊，使它們變得更純潔更強壯；把其餘的心靈雜音加速墮落，或是斬斷它們飛躍的力量。

昨晚領到一個夢幻禮物特製薑餅屋。歐式風格，打開來，左邊以糖霜做成我近二十年的書籍；右邊是北投大地溫泉飯店的全館員工在糖霜製作的書中繪圖，或是留下祝福的話。

擔心我的朋友，問：「妳好嗎？」我傳這些圖片給他們，包括我的甜蜜表情。一位我最喜歡的友人嚴肅的說：「這是因爲你長期受人尊敬……」

我回：「我現在靠著生病，騙吃騙喝，還騙到天大的禮物。」

另一個朋友和我討論病情，為什麼會得這種「白人」的病？我回：「可能我的祖先亂搞。」她說：「我們是否應該更嚴肅討論？」

我的答案：「嚴肅，有害健康。」

生活就是這樣，有時會低潮冬眠，甚至搞到你想要躲開全世界，但請相信自己，你還是會重新看見陽光。

（左）左邊書架上，還有《消失的愛》，談全球化逆轉。（右）另一本糖霜書《晚安，我的生命》。

讀我

20241219

蔡琴有一首歌：〈讀你〉，

讀你千遍也不厭倦……
浪漫的季節，醉人的詩篇，
唔……讀你千遍也不厭倦，
讀你的感覺像春天，喜悅的經典，美麗的句點……

我們總是在讀著別人，讀著愛你，或是辜負你的人，
心中忐忑，浪漫、傷離、錯怪交織。
但你曾經這樣讀過自己？

帶著春天的感覺讀你自己，千遍也不厭倦嗎？

人在低谷時，特別需要回來好好讀自己。在冬天，偎著爐火、抱著自己，讀自己。在秋季，望著落葉凋落，想想有一天相似的凋零，也會發生在自己身上。

讀自己，讀那一路走來的路；讀自己，讀未完成的夢想；讀自己，讀此生走到這裡，如何做到無憾，或者少一點遺憾。

讀自己的過程中，切忌把生命中得到的，當成理所當然，把失去的當作傷痕。

我們總把自己的生命想得太美好，好似意外都會和我們擦身而過，那是某些不幸者，才會發生的事。

凡人往往以為自己將不停地走在路上，在一陣風與另一陣風之間，漸漸衰老，然後安逸歸去。

沒有風波，沒有風險。

但大凡是人，必定會有某些事件，以險惡的特權介入，打斷你的計畫，改變你對未來的想像。

不論你是否富裕、地位崇高、知識廣博、一生行善。

但丁《神曲》、雨果《巴黎聖母院》、杜斯妥也夫斯基《地下室手記》，托爾斯泰《安娜．卡列尼娜》……寫的都是命運。

命運是一個敲打器，平時好像規律無奇，使你誤以爲自己可以操控命運。但它同時是個打擊樂團，鼓聲響起，風鈴聲進來，它們一起合奏，這才譜成了多數人的人生。

而且曲目，必有終了之時。結尾未必豪壯澎湃，有時候甚至淒厲恐怖。

於是人生愈是低谷，愈是走到盡頭，你沒有足夠的勇氣面對或是平靜接受，你會突然像一個精疲力盡的孩子，想沉睡於群山環抱之間，想夢見日夜呼嘯的海，想逃避眼前的事實。

你恐慌的像一個奔逃的囚犯，你還活著，或者你仍有足夠的力量克服谷底，可是恐懼築起的圍城，把你圈成一個微弱的繭，你在其中顫抖，以為自己可以因此找到安身之處。

殊不知，當你這麼做時，你已經失去了破繭而出的力量，也等於沒有生命，只剩下呼吸活著。

此時你必須學會深刻的「讀自己」。

我讀著自己近日的事件，好像看了一場奇異電影。它不是悲劇，它突然把我推向另一個生命情境，我突然忘了過往種種事件不好的回憶，只專注眼前那些對我伸出溫暖之手珍貴的友誼，他們使我的這一生活得如流動的畫面，充滿色彩。

一次冒險，勝過一千個安逸的日子。
當你處於低谷時，好好「讀你」，然後勇敢躍出框架，那怕它是死亡預告書的框架。
現在的我已開始踏上生命的冒險之路，回頭一看，過去我還是花太多時間追求某些虛妄之事，傷感生命中相遇的無用之人。
生活本是一個嘆號接著一個問號。
笑看人生，感謝諸神允我從俗世人情中脫身，懂得只珍惜那些值得的事與人，在生命答案虛無的高處，因而擁有了冷冽的自由。
我不逃跑，我不低谷，我趁著此時此刻，以春天的氣息，「讀我」，眉宇之間，沒有愛愁，用微微的笑，淡淡的呼吸聲，擁抱未來。

快樂的過好每一天。

20241225

告別二〇二四，迎接二〇二五

過了聖誕節，二〇二五年即將為我們敞開。

它不可能是全然完善的，痛哭也好，歡笑也罷，我們都集體向它走去。

至少二〇二四年，我們度過了，歲月並沒有拋棄我們。

它可能留給你醉心，可能帶給你傷感……它可能讓你成為更好的人，也可能宣告你的生命不久即將終結。苦也罷，歡慶也好，但我們都一起在聖誕閃閃的燈光中，度過了它。

謝謝所有的祝福。

你曾經想過生命本身就像那一閃一閃的燈嗎？它一亮、一暗，因此才有了爍光的驚喜。

我們的生活，本來也是如此，高潮、低谷交加。高潮時盡情享受人生難得的順境，那怕短暫。低谷時，不要望著黑暗的腳下，抬頭看看不遠的天空，就算是生命倒數的宣言，還是可能出現奇蹟。不過度渴望奇蹟，不輕易放棄奇蹟，拿捏之間，懂得隨緣自在。

今夜屋頂燈處，我在一片花海中打開明亮的燈飾。我已忘了我經歷的二〇二四，也不害怕即將走向的二〇二五。

我體悟到一個飄渺的秩序，一場完整，一種認知，時光安排了我和二〇二五的幽會，我欣然赴約。

無人知曉答案。

我也不必猜測答案。

隨著閃亮聖誕燈的智慧，一黑一亮，慢慢地告別二〇二四，如告別一個豐富、幽默又多變的情人，迎接二〇二五。

Auld Lang Syne

告別二〇二四，乾一杯，乎答啦！

20241226

繁花似錦，生活不會讓你全然失落

生活周圍，有太多不同的事環繞著你。

我疾病纏身，這是之一；世界即使聖誕節了，也不平靜，這是之二；我每天都在毛小孩期待的眼神中，幸福醒來，這是之三；我已經愈來愈無法進食固體食物，連續上吐下瀉幾天，開始流質食物人生，這是之四；臺中家的後陽台，九重葛、紫雲藤、垂枝茉莉，染了一大片顏色，繁花似錦，這是之五。

生活，不會讓你全然失落。

所以，不要恐懼，不要悲傷。抓到那一片紅，生命就是彩色的。

現在我打算睡了，數星星。

想想最安靜的事物，比如飄落的雪。我不住在雪地，十五天後即將前往滿城盡是雪的城市。

現在我已經開始期待雪從星星落下的模樣——星星閃爍、雪花柔情，它們飄在我的腦海中，幸福安睡。

夢境中，我想告訴星星，時間很久遠了，比我已經度過的生命還要更久遠，我一直在等待你跌落，與我相聚。

臺中家古董吧台、及老餐桌上的屋頂。當年我還健康的時候，自己設計、選花，找到 Judy Flowers 一起完成的夢想。

免疫治療

20241228

人生，只有一個句號，不要隨便用掉它。

十二月二十八日下午照常抱病錄影週六、週日《文茜的世界周報》。晚上入院臺大總院。

我的病程進展太快，美國哈佛大學附屬醫院的兩位醫師，包括黑色素腫瘤權威醫師 Dr. Sullivan，一致認為我必須立即開始：「免疫治療」。

Immunotherapy！Immunotherapy！Immunotherapy！

我的另一位醫生好友 Christiana Bordon 寫了三次，只有免疫治療可以控制我的病情，不要再找 Second Opinion，不要害怕，她打包票。尤其不能再拖延時

免疫治療前，先逼著自己吃軟，吃飽，吃好。

間。

他們一致推薦臺大癌醫楊志新院長將我的疾病掌握的非常好，高度讚賞他。我原本擔憂的其他免疫疾病，是否與免疫治療衝突，他們都認為可以控制。加上送至美國的檢體切片，報告出爐。我的黑色素細胞仍是亞洲人突變，它在六年前我開肺腺癌已經存在。當時病理報告略提，但數量小，被忽略了。現在只是被誘發了。因此我沒有到美國治療的絕對必要，尤其半途回臺灣，我在沒有抵抗力之下，更危險。

在臺大跟 Harvard MGH 合作下我即將馬上開始免疫治療。

#今天晚上明天晚上將是我體力恢復前的最後錄影。

#但我會回來！

#不會是句點。

文茜的世界周報─錄影。

20241229

你可以活得更好：把愛分出去

許多痛苦都源自：我們太把自己當回事。

如果你在某種不可抗逆的命運中，克服它的最好方法，是減少關注自己的逆境。把心，把愛，分出去。

給需要的人，給其他比你更痛苦的人。

我的生命導師是榮總兒童癌症93病房的孩子們。他們那麼小，才三歲，五歲，十二歲……就罹癌，而且隨著高度生長的年齡，他們的癌症比成人的癌症更快速發展，更容易復發。

他們或許連長大的機會都沒有，我們成人的逆境、挫折、疾病，相較之下算什麼！！

大約幾個月前，因為好友楊艾俐的推薦我又認識了伯大尼兒少家園（伯大尼兒少家庭基金會），一個收容家暴不幸兒童的大家庭。

於是我組了一個天使團，希望每個人出一點點小力，匯流成河，給這些家暴的孩子們溫暖。

今年最冷的冬天降臨了，那天伯大尼兒少家園所在的木柵，溫度大約只有十三度。

我正在前往臺大癌醫中心的路上，本來想聽我在中廣的音樂節目，中間插播吳淡如正爲一種稀有的暖被代言。我立即拿起手機，送訊息給淡如，我告訴聰明又俠女的她，錢我來付，麻煩幫我找廠商降低價格。（其實我根本不知道它可能價格多少？這是人生重病的好處，如果一個人可能快走了，錢拿來做更多善事，生命多麼值得！）

俠女果然是俠女，一通電話，她思考比我周到：木柵濕冷，不只上被，下鋪也需要。

於是她在非常短的時間，超級高效率，很快地拜託廠商。

結果，所有的善，都會循環。

PP石墨烯的郭老闆在淡如的請託下，不只馬上就送達，而且不要我的錢，他們公司自己捐了。

淡如告訴我這一條新款的蠶絲被，市價每條近萬元，他眼皮都沒眨一下。

淡如還募集了另外二十條很棒的被子，廠商也是開心認捐，給了這些過去缺乏愛的孩子們，在寒冷的冬天，難得的溫暖。

淡如說：「我覺得做生意最棒的事情在於，我認識了很有愛的一群商人朋友，一通電話，馬上做好事。從來沒有人在慈善方面對我說不……我是真的很喜歡當商人的，尤其是在這個時候！」

這是她人生轉型的感想。

另一個故事是高金素梅委員，我們是好友，入院前，她來我家裡探病。我立即告訴她我的愛犬Shahtoosh當志工的趣事，高金委員我們叫她May，立刻表示她想捐一隻原住民烤乳豬，為孩子們帶來聖誕節的快樂。

於是平安夜後的週五，伯大尼兒少家園的草地，起了炊煙，一種闔家團圓的感覺，一種不只是節慶的氣氛。

第三個故事是我的好友，自稱陳大寶。她已經是麥當勞叔叔之家的志工，我問她：可以幫忙什麼？她先捐了輪椅給一位腦萎縮不能平衡的孩子。接著採購羽絨外套給二十個孩子，還另外買給奉獻自己成為孩子們的家爸家媽的愛心者。

命運會捉弄人，與其陷進悲傷，不如採取行動，好好愛別人，照顧他們。

千萬不要侷限在自己的悲哀中，把自己搞得什麼都不是。

把愛分出去，當你可以幫助別人的時候，其實你正在幫助的是自己。你沒有白活，雖然過程很辛苦，但這個世界由於你、她、他……變得愈來愈好。

無限感恩・我會回來

20241229

主持《文茜的世界周報》十九年又四個月，我創下了一項紀錄，除了二〇一九年肺腺癌開刀過於疼痛無法坐立，以及今年六月決定給重病許久的自己一趟佛羅倫斯假期，十九年間除請假四次之外，我從未缺席主持《文茜的世界周報》。

即使我曾經跌斷脊椎，即使我曾連續住院三十三天施打抗生素，即使我至美國插管內視鏡開刀唾液腺，腸出血，甚至二〇二三年長達三十天的敗血症，我仍然抱病持續幕後製作、幕前主持節目。

但我這次的病程使這項紀錄被打破了。

這次的疾病好似一場疾風怒濤之雨。它從海上升起，從遙遠偏僻的曠野飄來，飄向它長久的天空，然後從天空轟然降臨我的身體。

我已經無能靠意志力對抗它，病程的發展也比醫師想像得快。

週末我如過去的自己，堅持完成錄影，然後如趕行程般，抽血、照X光，明天上午準備在右肩上方裝上PORT-A，進行長達一年的免疫治療。

明天下午將開始第一次以點滴進行免疫治療，盼望我那恐怖的免疫系統不要又跑出來，形成免疫風暴，攻擊其他的器官。

未來所有的發展，都在上帝的手中。我能做的就是維持心情的平靜。我沒有悲欣交集，只有無限感激這充滿福報的一生。

#謝謝所有的觀眾十九年多來對我們不離不棄的支持。

我希望，也相信我會回來。

20241231

來自比利時的一封信：世界周報歐洲特派恐龍

——王雅倫

十二月三十日下午三點十七分，妳開始打免疫針的時間。

下午五點四十一分，妳在《文茜的世界周報》的群組裡貼文，告訴大家你平安熬過第一輪免疫治療的好消息。

啊啊啊～我一個人又尖叫、又嘆氣、又傻笑，眼睛熱熱的。

是的，妳熬過來了，熬過了最重要的第一關！

我在離妳十萬八千里的比利時，和臺北有七個小時的時差。我發現我的世界居然有兩個 Gravity：大直街的媽媽，和臺大醫院的妳。

為了有妳的消息，我向女兒借了臉書帳號，我和永萍通了超過一小時的 Line（我們從來不在 Line 上聊天，通常我們的簡訊比電報還更簡短），我向瑞玉私下詢問妳錄影的狀況。

我沒有寫簡訊，因為不知道怎麼寫，覺得只寫「文茜加油」很那個，因為又不是妳不加油不努力……是癌細胞太凶狠啊。

我想寫一封信給我的羅東小妹妹。

告訴她，I love her more than I can say……

就像我看巴黎聖母院的重建，那一篇原來我寫了很長，有人說寫太多宗教了，後來被刪了很多，但是我覺得這不僅僅是宗教信仰，而是那麼多人的心裡想著同樣一件事，他們相信可以完成，他們不理會那些唱衰的聲音，他們相信自己相信夥伴，不是「希望」可以順利完成，「相信」自己就是讓事情可以完成的，不可或缺的那一分子。

聖母院讓我感動的是這個——一個任憑天災人禍以及 COVID-19 都撼動不了的信念。

當那麼多人湧進妳的臉書，認識的不認識的；當那位臺大工作人員用她休息時間給妳寫信；當那些老闆支持你捐蠶絲被給伯大尼的孩子……當哈佛和臺大的醫生說妳不要害怕，應該要接受免疫治療的時候……大家想的都是同一件事——文茜一定要好起來。

她一定可以挺過免疫治療。

那麼多人在同一時間，想著同一件事。

沒有懷疑，只有相信。

我們愛妳。

二〇二四就要結束了，我們會陪妳一起迎接二〇二五，新年快樂。

妳的瓦斯恐龍

如此天長地久

20250101

夜不屬於成群的人，但跨年是。

沒有幾個人會光在自己房裡點燈。為了歲末倒數，為了祝福未來，孤獨的跨年，大多只是不得已。

倒數尖叫時，你必須把你想要的一切，填寫在你生命的黑板上。

生平第一次，在醫院裡跨年，隔著一片小小的窗戶玻璃，沒有聲音的煙火，遠方是無盡的塵囂。我還在世間，我已遠離世間。

這一年有人在歲月裡沉沒、浮起，

這一年有人在酒杯裡陶醉、昏沉，

在這歲末年終的一天，

你會同意，時間必須歸類，

不僅僅是概念，
而是學會如何把生活中的傷痛，
輕輕拋下，
假裝遺忘。
舉杯吧！在倒數的那一刻，
我醉了，也忘了，
那個初春，
溫暖而黑暗的擁抱。
生活的細節在這一年中不斷漲潮、退潮，
直到你明白，
最終只是一支岸邊的獨舞。
歲末，不是尾聲，
不是死亡的符號，
它已成為記憶，
天堂太狹窄，
容不下我這個死者。
在二〇二四，
我站在醫院的窗口，
看著煙火點燃，
繚繞天空，
一〇一如供桌被迅速包圍，
人們尖叫，太多的聲音，

被丟在燃燒的空氣中，
我忘記了一切，
忘記了我的童年，
忘記了我的疾病，
我的臂膀，
如一團正在碎裂的泥塊，
我把自己緊緊摟在懷裡，
不再有任何遺憾。
啜飲一口水當酒，
我的靈魂成為一件衣服，
著上煙火的金色，
飄浮、陶醉，
歲末已降臨。
下一個歲末，
還有我嗎？
我不知道，
但今夜，
伸出手，
站在高樓，
我好似碰到了一朵雲，
如此輕柔，
如此天長地久。

20250102

為了吾國恐怖繁複的遺囑公證，我決定好好活著

許多人提到我為什麼對於疾病淡然面對？

那不是堅強，而是體悟。

每個人最終都會被疾病打敗，只是何時？什麼方式？

對於未來，當你生了一個醫學上稱為很惡的疾病時，切忌對生命過度渴望；切忌抓著親友之情不肯放手；切忌把幸運當成理所當然。

我對未來，沒有過度歇斯底里的悲觀，也沒有我必打敗疾病被上帝垂憐醫治的僥倖之心。

忽必烈，請幫我照顧自己，照顧脆弱的弟弟妹妹。不論未來如何，繼續奔跑。

可愛的西西里島，我無法許諾你每一個冬天，媽媽都會陪伴你，但至少我們有著今日，依偎相依。

當我們老了，史先生，充滿智慧，他從不哀嘆，也不恐慌。即使他只剩下一個眼睛。

我的態度，除了隨緣自在之外，學法律的人，自然會有一點理性，要預立遺囑。

尤其為了我的毛小孩，以及我想捐贈的慈善機構。

但當我看到吾國的遺囑規定時，差點沒有暈倒……活人都可以被整暈。

第一昏：遺囑不能打字，要手寫。共兩份，必須複寫，不得影印，再簽名。

第二昏：我必須申請自己、遺產管理人、受贈人，及受贈單位的戶籍謄本、身分證影本，還有機關證明。我算了一下，如果沒有助理代勞，病人可能掛點在各戶政事務所的奔波路上。

第三昏：狗不能成為贈與者……我必須在生前把相關事宜及資金處理好。

第四昏：我九十三歲的媽媽有二分之一法定繼承比例。她不喜歡狗，也不可能把我的錢分別匯給為我照顧狗的朋友。

第五昏：房屋土地權狀不夠，還要申請房屋謄本、土地謄本及房屋稅單（我根本不知道繳費單丟到哪裡去了）。

看完以上資料，我的決定：

#努力好好活著因為我無法好好死去。

忽忽，請陪我到最後。

丘吉爾，我會努力度過我的難關，如果有一天，你見不到媽媽，不要哭泣，我的孩子，我會化為星辰，永遠眷顧你。

親愛的東大寺，你要好好長人。如果媽媽不能陪伴你一起老去，請原諒我，你一定要記得，你是我永遠的寶貝。

辦理自書遺囑公證之應備文件：

①立遺囑人之身分證正本、印章。

②遺囑在公證人處親筆寫成至少一式二份或三份，可以複寫，但不可影印或打字。

③遺囑內指定之遺囑執行人身分證影本或戶籍謄本。

④立遺囑人及繼承人或受遺贈人之戶籍謄本（原始戶謄手抄本及現戶戶謄本）。

⑤金融機構存摺（如有）、房屋及土地權狀、房屋稅單與土地登記謄本。

20250104

初遇不必錄影的星期六

有多少個年頭，任何事、任何表演、任何音樂會、任何邀約，只要是星期六，我即回答：那是我的世界周報錄影日。

已經不是十年如一，而是近二十年如一。

直到今天，我人在臺北，昨晚出院，雖不是躺在床上動彈不得，卻因重病，剛剛做完第一次免疫治療，兩腿疼痛，感染的風險考量等，我待在家裡，請人代班。

冬風吹起，初遇第一次不必趕著工作的星期六，看到整個山區人少了、節奏慢了，鄰居出來互打招呼的也不多。我慢慢走著，抓緊大衣，好像抓緊當下，步行之間想起許多往事……都看淡了。

近日愛上葉子，超過了一大把花。

這種寡淡背後是一種鬆弛，不緊繃、不焦慮；它並非心裡無助，而是我面對無力掌控的現實，早已做好了接納所有結果的打算。

「不要在疾病上，給自己添麻煩、添痛苦、添焦慮。」

我未曾陷入低谷，過去一個月發生的許多事，好像一齣剪接緊湊的電影，我是主角，也是觀眾。

我看著戲一直發展，不知道下一個情節是什麼，但它的主題曲如貝多芬第五號鋼琴協奏曲，雖然有點憂傷，但它教著我學會輕撫生命，感受前所未有的柔美與細膩。

我和生命貼得很近，好像兩個人的探戈，搖個圈子，往下躺，一下子背脊又站挺，隨時又在下個節奏中換個角度，再躺下。

這圈子繞來繞去，好像高潮迭起；但它畢竟只是一個人的獨舞，與眾人無關。

初遇不必忙碌工作的星期六傍晚，發現雲朵被風吹走了，星空與夕陽一起出現，一升一落。

我開始相信，有一天我離開後，總有一顆星星會為我閃爍；在它的照耀下，我的意念能夠持續下去。

謝謝代班主持人。我對未來會發生什麼事，一無所知，但我知道所有的事，不會一帆風順。我必須放手，雖然我已不太熟悉「不分秒必爭的星期六」。

我當然今天也可以勉強進棚撐著，正如上個禮拜的星期六，沒有人知道我在錄影前已狂吐數天，錄影後立刻入院。電視上我若無其事的說著歷史和當下事件的關聯，我的呼吸已相當窘迫，聲音是啞的。

但未來的變數，我必須做好萬全準備，讓代班主持人慢慢熟悉，讓製作單位慢慢適應沒有我的日子。

這樣，我才能在病中治療過程時，依舊主持並監製節目；一旦有突發病況，他人可以隨時接手。

近二十年，第一次初遇不必主持節目的星期六。

我等夜沉了，才想到夕晚交錯時，該播放一首Horowitz的音樂，指揮著月亮、星星、夕陽，好似歷經壯闊的生命之曲。

#每個人都有兩次生命，

第一次以為：活著是理所當然。

#第二次是明白活著並不容易，此時生命完全是活給自己看的，為自己完整的活著。

初遇不必錄影的星期六，我獨自一人，慢慢走著，慢慢聽著風聲，很自在。

我別無所求，只想被月光星光擁抱。

我渴望此生，也準備好重生。

今天榮總美麗的白天鵝。陳威明院長傳來，除了祝我平安，也告訴我兩個在忘憂湖的美麗孩子都安好。

20250108

我的新願望：到安寧病房當大廚

我敬佩的洪蘭女士曾經寫過一篇文章，介紹「安寧病房的米其林大廚」。

這一生，我們總是感覺自己好似死亡了上千次，又誕生了上千回。

但是當生命終於到了終了，許多事不再是情緒、不再是感嘆，而是真實的消滅時，恩愛恨情怨怒，一切都要告別了。

無論你甘不甘願，
放不放手，
恐不恐懼，
它都會到來。
當你意識到自己即將走向消失的過程中，如果有一個人，為你烹煮一份好食物，他的心，他的微笑，讓你明白：啊！原來天使就是長這個樣子。
天使並不是教堂刻劃的石雕像，而是一個活生生的人。那個天使，可能不只是奉獻者，他看到了什麼叫做生命的終點，什麼叫最後最珍貴的給予。
某一天，我會到安寧病房當大廚。

20250109

決定提早回世界周報主持台，下次免疫治療住院時再請病假

我知道我們都跨不過某些命定的結局，可是我想用力跑，跑過這一次的悲劇。

——陳文茜《為愛奔波》

為了轉移免疫治療身體疼痛的注意力，決定——

#提早回節目，本週六日晚上九點見。

#下次一月二十日免疫治療時再請美麗的葉佳蓉代為主持。

人生要把壞球變好球

20250110

我們每個人都會有大大小小的逆境，「處之泰然」，說得容易，做起來太難。

逆境時，抱怨難免，情緒起伏也是人之常情。

但不要沉浸其中。

一個事件總有好幾個面向，正如鏡中影像，側看、橫看、低望、高探，各有其景。

事件也是如此。同一個場合，同時發生的事，有人覺得天塌下來，有人得到啟發，有人覺得受傷，有人痛哭流涕。

為什麼？

因為每個人都帶著不同的心。

有些人比較無我，耐性關照他人，不會只停留在自己的逆境；有些人自我太強，觀照自己太多，病起來，也特別痛苦。

許多人問我，為什麼你沒有病容，不像病人？坐著看不出來，因為我總是帶著笑容，而且滿口搞笑。

花園內的西洋水仙，入院前種植，現在正盛開

什麼叫病容?往往不是憔悴惡體質，而是愁眉苦臉、焦慮、情緒激動。人還沒垮，精神已經垮了。

因此同樣面臨疾病，有人可以靜心接受，有人痛苦，有人崩潰。

我每看一個事件，總希望自己看得夠遠，才能真正了解這一刻、某些事情，我該怎麼面對——它的意義是什麼。

如果你在人生中得到了壞球，而且是大壞球，例如罹患了重病，存活率不高。這球夠壞吧?但沒有人逃得過死亡。只是何時?何種方式?

如果意識生命倒數，這個壞球可能教你學會珍惜每一段時光、每一個愛你的朋友、每一次的相聚。

人生接到壞球，把球體翻轉一下，看到不同的旋轉，不同的速度，不同的滾動。

千萬不要停留悲傷、恐懼，甚至憤怒。我們的時間已經不多了，比平常時要更認真想一下自己在其中該扮演什麼樣的角色。

接受命運，不必也不要停留傷悲。

永遠向前，把壞球變成好球。

大愛與小情

20250110

在多數人的王國裡，對社會、故鄉、世界只有大情：他們把主要的愛給了伴侶，給了家人，給了小孩。

所以人那麼需要修鍊愛情。

因為愛，是一個人生命最大的能量。你只把愛給了自己，或是給了少數幾個人，尤其你所愛戀的對象。那會溢出多少自私、占有、嫉妒、不悅、怨恨，以及過度狹隘的掌控。

我期待自己，也勸誡許多人，愛戀的確澎湃迷人，但它同時也很容易抵退消融。

如果我們學習把最大的愛給社會，給予他人，給予世界；而不是周圍的親近之人，尤其僅僅是一個戀人；我們會更懂得欣賞情，更能感受到愛。

輕輕的付出你對他人的愛，輕輕的享受，如細水長流，如雲風草動。

溫柔之間，情不必激動，但可能更深刻。

即使有一天別離了，也是輕輕的我走了，正如我輕輕的來。

過去我們總是把情愛放得太窄，所以才有那麼多眾生需要渡苦厄。眾人太愛自己，愛身邊的人，愛情絆的對象，等情傷鬱患時，再來敲木魚，無我，無我，非執，非執。

可能打從出發點時，我們就把情愛的比例搞反了：我們愛這個「無盡的」世界太少，我們愛單一的情牽太多。

所以我們會痛。

鳥在天空飛翔，牠的視野如此遠大。

雲在空中飄浮，此刻雲集，下刻雨落，之後飄散。

每日的無常，都是它們千變萬化，曼妙的舞姿。

它們若有心，應該比人類美。

20250111

隨「身」所欲，穿上拖鞋睡衣前往 TVBS 電視台，準備主持節目

這不是話劇表演，純粹是現況考量。

已經在前往電視台路上，穿著拖鞋（腳底汗皰疹，很癢，不能穿靴子），睡衣（全身濕疹）……成為史上最 Sloppy 的主持人。

哈哈，好玩！

人生原來可以如此隨身所欲。

#不過我做足了內容的功課

#排好節目的內容

#每小時至少下十個標題
#改寫若干記者不甚清楚的稿子
#問心無愧
#問衣有不得已
#週六週日晚上九點《文茜的世界周報》見

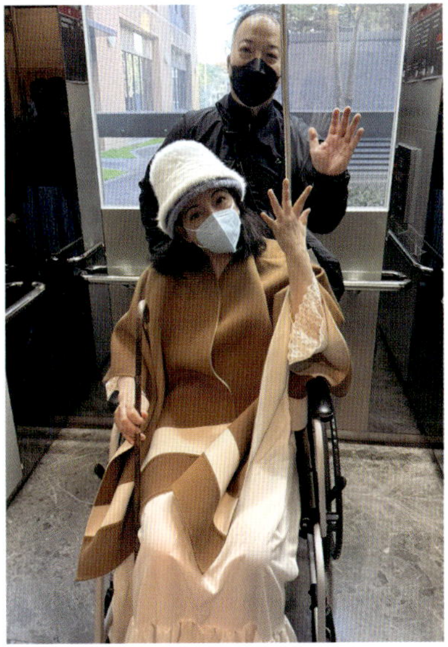

還好我有遠見，買了一雙適合生病、皮膚生疹子到了快體無完膚的拖鞋。人們總是注意它的毛，忽視了我的恐怖皮膚。免疫治療副作用，疹子正在消退中，留下比較多的是皮下出血的小紅點。

● 隨「身」所欲，穿上拖鞋睡衣前往 TVBS 電視台，準備主持節目

絕境的禮物

20250114

眼下的一切並不在你計畫之內，甚至從沒想過。

誰能夠預言未來？

洛杉磯家園被燒毀的居民，一個月前，可能還在為股票漲跌、隔壁鄰居的割草聲懊惱。如今，他們什麼都不奢求了，只求家人寵物平安。

活好當下這一刻，珍惜你仍有的，不要看你失去，說起來簡單，做到卻不容易。

人往往陷入絕境時，突然變得更聰慧。你知道時光不為你停留，於是更懂得為每一次機遇，每一件值得的事付出。

困惑時，問一下自己：「這是我想要的人生嗎？」

如果不是，你比其他順境的人容易學會馬上轉身離開。

二〇一三年，我與黨外時期的好友田秋堇對話。談青春時期的我們，以及我們的時代，談面對中年，面對俗世時期的我們，如何適應？如何自處，以及一個女人的成長。這些對話，被收錄於龍應台擔任文化部長推動的計畫——「國民記憶庫」。

今天看到美麗的 Catherine Chao 一篇關於洛杉磯野火貼文，略修如下：

除了呼吸之外，我們一無所有的來到這個世界，同樣地，有一天我們也會一無所有的離開它。在呼吸的開始與停止期間，我們建造家園，收集寶藏，緊緊抓住屬於我們自己的東西。

但當地面震動、烈火席捲、重症疾病降臨時，我們會意識到：我們緊抓的一切都不屬於我們！

留下來的，只有我們敢於去愛的記憶，我們留在心中美好的印記，以及我們帶給他人生活的善意。

其餘一切都將消失……

面對失去，我們才能明白的人生根基不全然是財產，而是存在。在轉瞬即逝的聯繫之美中，即便一切都被剝奪了，也要知道這一點：真正有價值的東西，永遠不會燒毀、破碎或褪色！

我的恐怖情人

20250118

生命的意義不在於追求永恆與穩定，更在於擁抱變化，勇於面對未知。

這是米蘭．昆德拉的話，對我充滿啟發。

剛剛完成世界周報各記者撰稿的標題，仔細看完美國最高法院對 TikTok 禁令、以色列內閣終於通過停火協議……

星期六星期日如期主持節目。

星期一再入院，進行免疫治療。

上週重回主持節目，不少觀眾打電話至TVBS擔憂我的健康，甚至認為我是不是為合約所逼。

鼓勵我正常工作，主持節目的是臺大癌醫中心的楊志新院長，也是我的主治醫師。他認為「脆弱」是許多癌症病友面對疾病的最大致命傷。相信自己可以，擁抱或者至少接受身體健康的改變，才能抵抗癌症的侵襲。

回去主持節目，當然也有誤讀之人；例如俠女好友吳淡如，今天捎來訊息：聽說你好了，而且也復出了，真棒！拍手。

我的回答：我沒有好了，回去工作是真的。我的免疫治療長達一年，我覺得自己應該回到正常生活軌道，把疾病只當成人生一部分，而不是全部。

儘管我終究可能還是會被疾病征服，但在那一刻到來之前，我可以學著和它保持適當的距離。

不必纏綿。

免疫治療有許多副作用，我才剛剛熬過，目前終於只剩手腳裂開，汗皰疹。但再隔兩天，又要再走一回免疫療法的路程，我稱它是「恐怖情人」，並為它寫了一首詩。

〈我的恐怖情人〉——陳文茜

你進入了我的身體，
使命召喚你延長我的生命，
但你也在我掌心中，
點了一根火柴，
燃起火焰；
然後向四方吐出抽動的攻勢，
急促、炙熱、烈情地抽動，
如一名舞孃展示嫻熟的舞姿。
在我的體內你隱藏，
在我的體外你突然變成了一團火，
千真萬確，
火焰中竄出一個個水珠串，
彷彿嫌火焰太微弱，
不到一夜便將它聚攏。
你威嚴而高傲地一揮手，
我不論擦拭多少藥膏；躺在那兒，
你仍不肯屈服，
日間，夜晚，凌晨
一個勁兒地燃燒，
像發了狂。

勝利者，
揚起臉龐，
你說：要活命嗎？
姑娘，妳想活下去，
就得臣服。
你是我的恐怖情人，
沒有你，
我的未來沒有多少日子，
但有了你，
我千瘡又百孔。

願我在天堂，永遠記住您的臉

20250119

在一個訪談的節目中，電台主持人Jockey，訪問他的特別來賓（一位億萬富翁）。

什麼事讓你這一生最快樂？

富豪說：我一生中經歷了四個階段，最後終於了解到真正的快樂。

第一個階段是累積財富和權勢，但我沒得到真正的快樂。

第二個階段是收購會升值的東西。但我愈來愈意識到，這些值錢的東西，它們的影響力是短暫的，光澤也持續不長。

接下來就是第三個階段，我可以主導大型方案。比如：買一整個足球隊、買一整個度假村等大型的計畫。就算這樣，我也沒有得到我想像中的快樂。

第四個階段，一位好友建議我買輪椅送給身障人士，我馬上買了。但我的朋友堅持要我陪他，並親手將輪椅送給身障的兒童。

我就做了……。

我親手將輪椅給那些需要的孩子們時，在他們的臉上，我看見特別快樂的光芒。我看見他們坐在輪椅上，快活的四處轉動。很有趣……好像他們到了一個野餐的地方……

當我要離開時，有一個孩子緊緊抱住我的雙腿。我本來試著慢慢把腿移開，但這孩子卻一直看著我的臉。

我只好彎下腰來問他：「你還需要什麼嗎？」

他的回答完全改變了我的人生觀。

那個小孩說：

我想要記住您的臉，這樣等我到了天堂，還能認出您，並且再次謝謝您。

那是我這輩子最快樂的時刻。

Happy
New
Dear文茜阿姨:
謝謝您對我們的付出，
也希望您早日康復，身體更加
健壯，祝您新年快樂。

To
文茜阿姨

Dear文茜阿姨:
祝您早日康復也期
盼您出院後能來看我
們，耶穌愛您唷。
Jesus
you!
賜福
給您

第二次免疫治療

20250120

當你擁有生命，還可以自由行動的時候，就要感受生命之美，世界之大，可能性之寬。

不要虛擲你的青春時代、黃金時代、中年時代……任何時刻都不要去傾聽枯燥乏味的東西，尤其不要設法挽留無望的失敗，不要把你的生命獻給無知、平庸和低俗。

活著，把你寶貴的內在生命活出來。什麼都別錯過。

今天入院，選擇川普就職日進行第二次免疫治療。上次治療副作用尚未痊癒，心中忐忑。昨日傍晚，陽明山的夕陽如夢如幻，立即丟了心慌。

20250121

結束第二次免疫治療共六個半小時，順利迎接美國歷史性的總統就職典禮

人就在這一點一滴往前走的軌道上，不自覺地愉悅了起來。

活著，就該給自己動力！

人間本來就有許多疼痛，不論有形的無形的，但請記得「我承擔的不是全部，我渴望的也不是全部，這樣就很好。」

在疾病裡，守住一個與眾不同的態度，你才有力量面對生離死別的挑戰。

世界周報歐洲特派王雅倫再度出現臺大癌醫病房，刻字：Love，穿上西門町租來的青蛙裝，我用殘破的嗓音唱星條旗美國國歌，最後治療典禮儀式以兒歌結束。

20250122

人生什麼事都不要過度執著，包括生死

世界上最有力量的人，是不執著的人。包括不執著成就、金錢、地位、愛情，尤其不執著生死。

這一輩子，你可以擁抱此生無憾的日子，可以留下思念，擱在心中時而回味；也可以選擇遺忘。

生命的世界本來那麼寬廣，人生的旅程卻必然那麼無常，懂得珍惜，而不執著，你即獲得了最大的自由。

而獲得了自由，也就獲得了力量。

第二次免疫治療，藥物誘發皮膚嚴重攻擊。夜裡一直擦著類固醇，或請特別護士以冷水擦拭，吃了三種抗組織胺藥劑，加上安眠藥，仍然只睡了三個小時不到。醫院的床單對我現在脆弱的皮膚太粗硬，於是醫師允許我帶著特別護士出院，兩天後再回診。回到家，狗孩子們排隊等候，我一一擁抱後，倒頭睡了一覺。

團圓，對我們一家子愈來愈不容易。不知情的孩子，盡情享受當下片刻的歡樂。學習他們的智慧。

疼痛與疼愛的二重奏

20250123

我自小早把疼痛當本領，不當悲劇。

而且經常痛的時候朗朗背頌：天將降大任於斯人也，必先苦其心志，勞其筋骨……從小背到今天，當然也從出生時痛到今天。

我才十歲，就已大聲喊道：報告外婆，天將降大任了，我快要變成偉人了。

疼愛我的外婆，聽了苦笑，往往為我熱敷後，問我：

你想吃什麼？我做給妳，不要哭，你好勇敢，將來一定是偉人。

當然，現在的我，沒有成為偉人，辜負了外婆的期待，而且症狀隨著年齡一直直線增加。

於是老去的我又有了新說詞。

中文的疼痛與疼愛，只差一個字。

對此，我有自己的說文解字。

疼痛，表示老天疼愛你提醒你，你的生命不會太長，要好好愛惜自己；遇見不愉快的事，早日放下，遺忘，趕緊轉向擁抱美好。

每個人的美好時光，本來都不會太長。我健康的時光，很短；一旦那幾天沒有疼痛，趕緊盡情地享受，快樂出航，或者寫下一篇難忘的文章。

此時千萬不要錯過這個難得的時光，千萬不能浪費，休管那些俗人醜事。

由於生病的次數太頻繁，別人曾問我苦嗎？我說：這一生，我早與病常相左右，與疼痛友誼深厚，他們反而是我生命中最熟悉的感覺。

習慣了。

回憶這二十年，只有二〇一八年我沒有住院。去年底終於來個大癌末，直接宣告你離生命的盡頭，不會太遠。

疼痛、重症，都不完全是壞事。它提醒你，每一天，要愛惜擁有的時間，不論拿它來做有意義的事，或是關懷他人的事，或是照顧自己心愛的毛小孩，要疼愛自己，分分秒秒。

現在的我，每夜準備好一小杯假的香檳，今天也不例外。

為即將告別的今天舉杯。

為迎接明日的歡欣、微笑、快樂舉杯！

20250124

剎那間，我變成塑膠太空人

剎那間是一種時間的特權。

它很短，卻往往讓我們經歷此生第一次的真實，使我們有機會赤裸裸地看「自己」，看一個我們自以為熟悉形象背後真實的自己。

剎那間的事件，往往意義在此。

一場大疾病、一場風暴、一場地震、一場意外，甚或一段難忘的戀情，切斷了人欲語還休、擔心害怕的情緒河流。

它毫不掩飾地點出了我們在人生迷宮裡，時而理智過人，時而感性潰堤的失序。

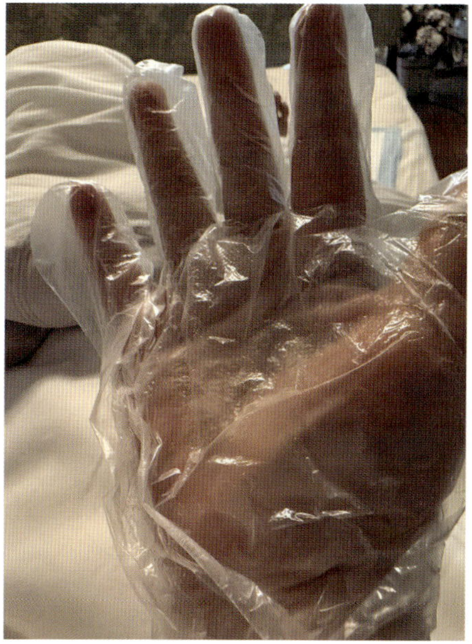

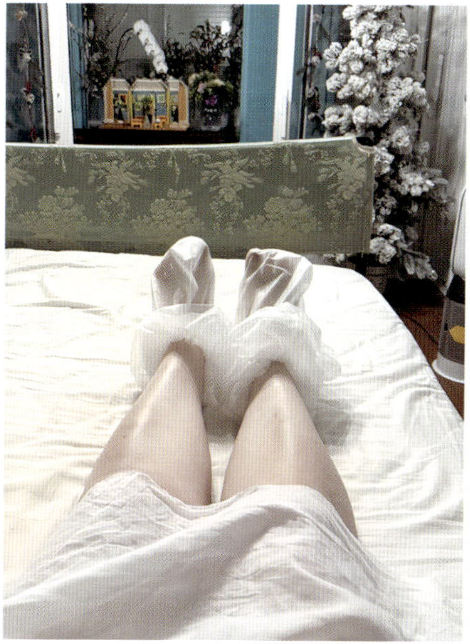

剎那間，我變成塑膠太空人

剎那間，人生被打斷了，打破了我們原有的計畫與想像，也意外診斷了整體社會曾經在我們身上建構的價值虛假與誠摯。

#前頁照片說明：痛苦無眠的日子即將結束？我日夜期盼的免疫皮膚科醫生王莉芳教授終於回臺。她除了改不同更強的油性類固醇之外，加倍了口服藥，同時建議我用手扒雞的手套及塑膠腳套把自己包起來，增加濕氣。我的疼痛立刻少了一半，但夜裡看著手套，我的肚子咕嚕咕嚕響，怎麼可以只有手套，沒有手扒雞！

忽忽對我的造型感到可笑。我對自己從癌症第四期……免疫治療……到變成塑膠太空人，夜裡剎那間想著手扒雞……手扒雞……啊，手扒雞！

徹底把我的疾病丟到九霄雲外。

人生，就是這麼可笑。

當然你要夠貪吃。

20250125

我把慘劇變成了喜劇——悲極生樂

為了克服免疫治療產生的副作用，尤其手掌千瘡百腫的汗皰疹，王莉芳醫師開了兩個油性類固醇，再以手扒雞手套密封，避免乾裂脫皮。

但我看著手套完全忘了原來的疾病，腦袋、鼻子想的、聞的都是桶仔雞的味道。滿室生香，我的桶仔雞在何方？

夢想的力量會決定你的人生。

我一天之內，共收到不同朋友送來的三個桶仔雞。其中李永萍還在大塞車時，自己開車拿，自己送到山上。然後才趕赴下一個行程。

三個桶仔雞，樂歪了全家寶貝，開心、跳躍、尖叫……

唯一的倒楣鬼也是後遺症：丘吉爾拉肚子，現在正在沐恩動物醫院看診。

他樂極生悲。

我是悲極生樂。

他們並不對立

20250127

這個世界如此對立，該負責的是我們的心。

太陽和月亮是交錯的，但是它們並不對立；海潮和海灘是彼此拍打的，但是它們並不對立；夜和日此起彼落，但是它們並不對立。

它們知道彼此的不同，各自出現，它們甚至沒有太多中間地帶，然而它們並不對立。

掛在時鐘上的指針，緩慢游移，屬於細碎日常的生活一分一秒過去。

TVBS 攝影師 1/25 日拍攝過年賀歲照片。

帶著手扒雞手套主持世界周報。前一晚，因為免疫治療副作用，無法成眠，夜裡只睡不到四小時，眼睛睜不開，也擔心是否能勝任工作。Yes I can. 我完成了。

生活確確實實有很多眼睛看不到的東西，它們都攀附在時鐘的一移一動，即使你背影轉身，嘗試逃走，它也不會停止。

是枝裕和的說法是：生活大部分時候，幸福歡樂總是一目瞭然，而悲傷痛苦則需要人自己細細地體會。

如果你能看到你的世界裡，那些漸漸消逝的美好，你就能體會現在擁有的幸福意義。

他們並不對立

20250127

假期該做的事——美好的事物是一種永恆的喜悅

假期該做什麼？我常勸大家兩件事，一讀歷史，二到郊外走走。

歷史告訴人們許多故事，讓我們在人世間曾經走過的某一個空間、某一段時間，找到「休息」的區域。我們經常感於某種個人的痛苦或困惑，歷史像一個珍藏源源不絕故事的多寶格，每一次打開其中一格，好似進入了一個非個人的部分，又好似從中得到個人無限的啟發。

到郊外走走，是另一種心靈「休息」的方法。每一次我經歷人生巨大的痛苦，總喜歡到陽明山頂遠眺臺北夜城。萬家燈火，每一盞燈都是故事：這一刻有人正相愛，有人正相恨。無窮無盡的眾生百態，個人的苦很快就化了，算不得什麼。

一八二一年二月，約翰．濟慈（John Keats）死於羅馬西班牙廣場26號的一個房間，死時才二十六歲，卻已成大詩人。他得了肺結核，在雪萊的建議下離開陰冷的英國，到羅馬養病。

死前他完成了一部以詩為結構的小說*Endymion*（《恩底彌翁》），書中開頭第一句話，即「美好的事物是一種永恆的喜悅」，算是他對羅馬陽光的感慨。

從愛爾蘭到倫敦再到羅馬，濟慈一生飄零了二十六年。死前他最喜歡的活動，是與朋友們到羅馬著名的咖啡館走一走，或看一本書。

一家名為「希臘人」的咖啡館，十九世紀初曾讓歌德、叔本華、雪萊、濟慈、狄更斯遠離紛擾的歐洲，隱姓埋名重聚於羅馬。

他們幾乎都是有病的人，無論是肉體上的或心靈上的，於是選擇了遠離權鬥核心卻又一度繁華的羅馬，隱市於此。

歌德給自己換了一個菜市場名字「莫勒」，在整個精神流放的歲月裡，咖啡館是他們唯一交換資訊或精神相聚的場域。

十九世紀歐洲正全面崛起，哲學家和文學家們覺得特別苦，因為他們做的與時代追逐的資本無限擴張相反。於是，咖啡館成了相同心靈的交會，在哲學的體系裡，文學家們穿透了歷史，得到無比的心靈慰藉。

現代人要找同好，常聚集KTV或夜店，每個人宣洩著他平日的壓力，或唱或吼，在一個沒有人的耳朵可以真正聽到彼此的空間裡，維繫一種感情。往往本來寂寞的心在狂歡後更寂寞，焦躁的情緒更焦躁，除了疲憊曾帶給我們短暫的休息外，人找不到任何「美好的事物」。

生命如同一輛漫無目的的馬車，只能往前奔馳，直至倒下那一天為止。

假期，還是建議大家到咖啡館讀一本書或去郊外走走。

腳踩泥土，聞山裡霧氣，拾一點落葉，觀看植物生命中安靜成長的哲學；或者在某個咖啡館打開一本歷史的書籍。

如果能找到濟慈「美好的、永恆的喜悅」，那麼這個假期，你才算真正休息了。

20250131

稱讚自己，有的時候是一種美德

我已經往生的老友李敖，屈指一算，再過個幾十天，已走了七年。

二〇一五年他腦癌走前三年，年紀也八十二了，我邀請他參加「中天青年論壇」。不只是老，不只是病，還是腦瘤無法開刀的疾病，他形容走路像踩棉花，人還是口若懸河。

當然，打敗他的還是年輕時思想敏捷，信手拈來一段又一段歷史考證，出奇制勝的思辨能力，而且「永不畏權勢」的李敖。

永遠只有李敖，可以打敗李敖。

那次對話，我忍不住請教他：「李大哥，你宣稱自己是中國人白話文五百年來的第一名，第二名，第三名。你為什麼不占個一二，第三名就讓給別人？……你經常捧自己，除了不捧自己是Pavarotti之外，什麼都第一，這是什麼毛病？」

李敖沒生氣，他笑瞇瞇的說：「我特立獨行，我不拉朋引伴，我又反抗權勢……結果我發現，沒有任何人稱讚我。於是開始了我稱讚自己的人生……從此一發不可收拾。」

李大哥走後一年，換我開始生病，第一年是最小的病：肺腺癌，只是當時傷口復原花了三個月，我的醫生苦思不解。接下來才找到答案，我的腦下垂體功能不全，它主管生長荷爾蒙，所以復原如此慢。

接下來的病，就不提了，一個比一個凶惡，好像要逼我和閻羅王相親。

養病這幾年，我遇到許多醫生束手無策的事，常常靠著自己的實驗，小聰明解套。

例如這段日子，別人是苦酒滿杯，我是苦水滿口。唾液腺分泌的水，都是苦的，不只沒有食欲，吞到肚子裡，還會反胃嘔吐。

這對於我這種靠服用藥物維持腎上腺危症的病人，非常危險。

醫生們很關心，但只能建議我忍，或是吃點甜的檸檬水。

我想到小時候的箭牌口香糖。咀嚼時，它會刺激更多唾液，加上它本身的甜味及薄荷，苦味不見了。

於是我開始了時時（每小時）一片口香糖人生。尤其服藥前，先服用一片，等苦澀味沒了，再立刻以米湯服藥。一服完藥，再吃一片口香糖，以免苦水入胃，藥物吐出來。

特別護士查詢資料：免疫及化療副作用，好像沒救一樣。我查詢：抗生素，降血壓，癲癇藥物……有些人可能會產生唾液變苦味。

美國舅舅關心我，問藥可不可以每兩天才吃一次……

我告訴他我的發明後，學了李敖：

#我好聰明啊！

自誇，在生活谷底的時候，真是必要的。

真想念李大哥了。

20250208

川普震撼上台，震出了我的輕度心肌炎

#今天晚上明天晚上九點 TVBS 文茜的世界周報如約見# 20250208

過年期間，心跳每分鐘一二〇下以上，白天多休息，晚上想：一直坐著，對身體不好，於是當起大廚，當成勞動。幾天之後，已經無法躺下，只能坐著睡覺。

星期一回診，臺大癌醫楊院長立刻驗血，本來看我談笑風生，等看到血檢報告，再做心電圖……立即住院。

走入新準備好的十四樓，全是郭台銘先生的空氣清淨機，是可抓 PM2.5 的濾網……無毒漆料，電動水波床防止癌症免疫治療的皮膚痛苦或是臥床褥瘡。各路裝 Wi-Fi 人馬、護理人員……喜氣洋洋。

才住兩天，病情已大幅改善，皮膚白皙，沒有一點點環境污染過敏，空氣比竹子湖還好，又避開寒流。

要不要打類固醇，治療心肌炎？會不會妨礙免疫治療？楊志新院長在蒐集各方專家意見，包括美國 Sloan Kettering 癌症研究中心的專業經驗，決定免疫治療前四天，也是上次免疫藥物開始功能下降時，治療心肌炎。

楊院長知道我的心願，希望這個川普及 DeepSeek 週回去主持節目。他向來支持癌症病人正常工作，為了鼓勵其他癌友也確保我的安全，他委請一位心臟科醫師——專攻腫瘤對心臟影響、自美國Sloan Kettering 訓練回來——以休假時間，陪伴我一起去TVBS，一方面保護我，一方面她也可以了解電視台的作業。我的特別護士也隨行，帶著氧氣。

我自己已經每天至少五小時閱讀無與倫比的美國，昨晚工作至晚上四點，今天十一點繼續奮戰。他的身體太好了，應該有人給他一點鎮靜劑，好讓我休息。

#無論如何週六日晚上九點如約見！

白色大理花在我家盛開，雨水中，不知他們是否安好？

美好在所有道路上燃燒

20250209

風雨等故人。

白色大理花是我一個月前種的。入院前，它還是花苞，前天回家拿衣服，風雨交加，夜色裡看著他們如仙子般，承受狂風冷雨。

正擔心下回再見，是否全凋謝了？

今日天晴，管家傳來照片。仙子還在，等著故人。

它們是那忠實的、上天的、不會輕易離開的仙子。

儘管天這麼冷，雨偶爾還下。

美好在所有的土地上燃燒。

免疫療法的奇幻旅程

20250212

疾病的深情裡有人抵抗不了的冷酷、算計和殘忍。

疾病對我的身體深情款款，我的死只需要一枚子彈，

但它至今沒有射中我的要害。

我和「它」之間沒有「突然」，它想好了來，它想清楚了就會走。它走或者留，都超出我的控制。

但至少我不必注定和它痛苦的相處，有時候不妨當成一段奇幻旅程。

以下是三次免疫療法的奇幻旅程。

第一次：全身汗疹……濕疹，幾乎到了體無完膚。

第二次：輕度心肌炎。

第三次：打完第三劑免疫針，好像打了美白針，皮膚過敏全消，而且光亮。加上醫院恆溫恆濕，好像進了美容院。

20250214

情人節快樂——回應敬愛的邱淑媞前署長的關懷

#她心疼我一個人在病房奮戰

#記錄了我的一天，告訴她：病人很忙，雖然我不是牛仔

①只要有食欲，我每天吃得很飽滿，享受癌細胞快速生長使我不會發胖的美好時光。今天的食物包括日本Futomaki Sushi，鯖魚，味噌湯，獅子頭，草莓派，世界冠軍咖啡一杯，大直粥王，奈良草莓，臭豆腐，宜蘭糕渣，菠菜……薑絲炒牛肚。

②仔細看川普政府出手國際，尤其俄烏和談。所有媒體速度都追趕不及，無法宏觀或細膩分析。這個結果，早已於二〇二三年沉在水底，世界周報早已預示。

③巴黎AI峰會，Sam Altman和DeepSeek大戰，英美不同意簽署限制人工智慧發展……

④研究德國出口經濟的終結……

⑤我看透了自己的疾病，但對人類的未來並未失去憧憬。

⑥向花農訂購了蜀葵花十朵，大理花白色十棵……雖然不知道何時出院。

⑦還有可敬又可愛的你們捎來遠方的祝福。

⑧改編一首經典歌曲的鋼琴譜，線上開「國際音樂家協會，支持張凱閔演奏會」。

⑨準備著手撰寫辜嚴倬雲女士紀念冊紀念文。

#病人好忙

#公仔也很忙（世界周報歐洲特派王雅倫第三劑快樂病房記）

無題

20250217

沒有一個人的生活或愛情，經得起「美好的」分析。
就好像沒有一個人生，永遠可以維持如意事。
我們總在渴望人生之最，就好像我們總在渴望完美的愛情，最後往往以失望收場。
莎士比亞筆下，人只是在不同的戲劇裡串演他或她的悲劇，接受就僥倖快樂地活下來，不接受就選擇痛苦地分離或苟延活著。

離開家十五天，想念。

無題

致敬愛的淑媞

20250219

每一個人的死亡，都是雪花飄落，或許聲音不重，但她墜落碰觸地面時，都是雪花最壯烈的敲撞。旁人或許無感，愛她的人心碎。

瓊瑤女士一生追求「美」，那種美如此虛幻，如此沒有雜質，她的寫作因此共鳴了許多相信唯美的人們。她讓她的讀者至少在閱讀她的小說時，丟掉了世俗的必然，破碎的人性，在與現實妥協中，這些讀者為自己保留了一塊純潔的夢土。她們相信愛，可以超越一切。

直到平先生走了，她在晚年也得面對赤裸裸的人生，包括自己赤裸裸逃不掉的衰老。

每個人面對生命的態度不一樣。不只自己，包括他人。

我們之間，嚴格而言，並沒有私交，妳在公共領域付出時，我已經不太過問臺灣政治，不曾給過妳什麼。

但自我生病以來，不論和我有關的公眾之事，妳仗義聲援；我開始走入不同的重病時，妳如老友一般，總是捎來溫暖。

我自小對生命價值的看法，一直不是環繞著自我。我屬於時代的，屬於我自己的信念的，我唯獨不屬於世俗價值中的我。

死有重於泰山、輕於鴻毛，我們多數人都在其中之間。

罹患黑色素腫瘤，而且擴散四處，它不是仙女，卻四處撒花。我看著自己生命可能也應該是最後的這段路程，感恩生命仍有無數個您這樣的人，在我身旁。

我不苛求命運，我珍惜每一個用不同方式照料、關心我的人。這一生，我得到的已經太多了。

願我能堅持自己的信念工作直到最後，願我來得及微笑著一一向妳們道聲感謝。

20250222

給逆境中的你 之二

沒有誰的人生會一帆風順。成長的過程總會跌跌撞撞，我們可以痛，可以悲傷，可以大哭，但別耽溺悲傷太久。冷靜時候，不妨想想，這道傷痕，能為我留下什麼？

人生一路上我們聽說了很多道理，卻依然過不好這一生。只因我們太執著相信命運公平，也太執著自己得失；我們經常看到「生命無常」四字，卻從未真正體會其中的深奧道理。

人那麼有情、那麼肯定、那麼慷慨，卻又對命運那麼苛求。人的世界，最缺的是豁達，豁達地與命運相處。走過逆境，學習接受，不只是遺忘：就像走

出了隧道，別懊惱或者悔恨。記得命運起伏由不得人，時光也不等人，時光很脆弱，它禁不起你來來回回的辜負。當妳遇見黑暗時，請坦然地一步又一步走出來，然後妳會看到光明。如果妳一直停留隧道之中，那麼逆境給妳的黑暗，便沒有休止符。但那不是命運對妳殘酷，而是妳選擇了殘酷；因為是妳，讓自己停留黑暗之中。

逆境有時是人生最曼妙的風景，面對它最好方法是內心的淡定與從容。對待逆境妳只能淡定以對，如果這世界上真有奇蹟，那便是你能坦然面對逆境的另一個名字。

一輩子沒有遇見逆境的人，換一種說法，可能不是幸運；「所謂人生勝利組」的人，當他愈到生命盡頭，他會活得愈危險。一個人一生都是順境，他如何接受死亡？接受消逝？接受無我？多半他只能在晚年時，恐懼的活著。

其實所謂幸與不幸多半只是別人眼光和自己心中感受的交會，最終定位了你所謂的幸福位置。那種座標，像是導航系統的GPS，位子不過是一個點，幸或不幸，純粹是當事人的自我定義。從卡夫卡的角度看：我們一生不過是清醒地穿過夢境，每個人只不過是歲月的一個幽靈。如果我們順利地度過逆境，我們可以把幽靈變得更具象、更堅實：它是「虛空」狀態的盔甲，妳走得過，逆境便是妳生命中的禮物。

如果進化史讓我們學到什麼教訓，那就是生命是不會被侷限的。走過逆境的妳，心已是夏天。比春天、秋天、冬天更內斂，更深刻，更洗練，更心存感激。即使孤獨，也不為寂涼所困。樂於讓陽光曝曬，滿足於炎熱的炙烤，學會了看這個世界，一天一天變美。

現在每天早晨，我都再一次提醒自己，生命短暫而美好，沒時間糾結，沒時間計較。每個人每天都可能遇上煩心的事情，但心若不動，風又奈何；你若不傷，歲月無恙。

此時所謂快樂，絕非名利或身分；就是信手拈來：給蔬菜，一點點眷戀；給窗戶，一點點盼望；給當季的食材，一點點溫柔；給平凡的日子，一點點點綴；給不起眼的陽台，一點點花樣年華。

生命前方，本來是無盡的衰老，我們筆直地跌落進去，走向死亡，別無選擇。早一點體悟逆境哲學的人，把一切看在眼裡，藏在心裡，將來還能回憶時，尋訪當時的記憶，沒有遺憾。

妳以為腳踩的地獄，其實是天堂的倒影；而我脣角的皺紋，其實是智慧的積累。

畢竟人生最終的逆境叫死亡，誰也逃不過。

再過六天，就到了回醫院的日子。回家後，想念醫院，恆溫恆濕，沒有過敏原的環境。住院時，想念家裡的孩子們和花草。

一個知心朋友問：這個癌症如此惡，而且復發機率那麼高，你若抵擋不了，一兩年內走了，是無憾？還是有憾？

我告訴她：生重病的人，老天爺要你走就得走，有憾無憾都得走。死亡不是青春，它不是拿來嘆息的，它是一種全面的終結。不必悲欣交集，就是坦然接受，不要掙扎，不要懊惱，不要遺憾。我們降生的時候，光著身子來，什麼都沒有，這一生背著這麼多包袱，愈靠近終點，愈要懂得「丟」的智慧。

春天的花朵，它不是哭泣的季節。各色玫瑰，感謝凌宗湧贈花。

臺大癌醫——葡萄牙遊記

20250227

我的身體狀況短期內顯然不可能旅遊。

長期……這個字眼目前對我太奢侈。

但一個人的內心，若不被限制，「現實」變得無限，空間也變得無限，只有心是有形有界限的。

把心當成雲，吹過來時，人好像有了可依附的實體，不必在天海之間沉沒，也不必在「現實」中被綁架。

為了第四輪順利進行免疫風暴風險最高的免疫治療，已提前入院，四天前監控尚未完全康復的心肌炎。

我把這次入院治療當成旅遊，主題是：葡萄牙。

帶著葡萄牙餐具，咖啡杯，碗盤，野餐盒內是我的藥，外加神燈藍芽喇叭，播放葡萄牙法朵音樂。

「我的心稍微大於一整座宇宙」，「我希望能夠遠走，逃離我的所知，逃離我的所有。……」

旅行？活著就是旅行。我從一天去到另一天，一如從一個車站去到另一個車站，乘坐我身體或命運的火車，將頭探出窗戶，看街道，看廣場，看人們的臉和姿態，這些總是相同，又總是不同的面貌，如同風景。

我們活過的剎那，前後皆是暗夜。

聰明人把他的生活變得單調，以便使最小的事都富有偉大的意義。

這是葡萄牙詩人費爾南多．佩索阿的詩句，他生前一直是一家小公司的職員。佩索阿在發表散文和詩歌時，署名幾乎不使用本名，而是以七十二個「異名者」的身分進行寫作。我決定學佩索阿每次住院都來個「異國旅行」。

我的生命還豐盛得很

20250302

霍金在《時間簡史》中的一段話，深深地影響我：我們看到的從很遠星系來的光，是在幾百萬年之前發出的，我們看到最遠的物體的光，是在八十億年前發出的。

當我們看宇宙時，我們是在看它的過去。

所以當我們看當下的自己時，我們是否一樣，被過去制約？看得是熟悉的以往？還是我們真正明白了當下的自己？懂得未來要什麼？

我們的日子總是沿著一個方向移動，卻又因著慣性逆流而行。

竹子湖書房。

它們不斷地互相借光，有時互相照亮，有時互相矛盾牽引。

沒有人有能力完全切掉自己的過去，讓今天單獨而行。

但過去是依戀、附著、慣性，也是包袱。

當一個人知道自己剩下的日子不會太長時，他或她若仍抓不住此刻，無法把僅剩的未來，化為閃光的日子，他等於已為自己立下墓碑。

活著，只是一個抄寫本，一個呆滯的程式，一直重複空轉。

這種可怕的重複性，等同一隻無望的殘魚，游不出漆黑的海水。

三月的泥土暖了，我還病著，我可不想和過往黏在一起。

我的人生不是回憶剪貼簿，寧願當遊子，不必還鄉，也不想被那些餘火與時光拖住。

一生漂流，尋覓，一切無邊。

我的生命還豐盛得很。

它剩餘的或許計量上比別人少，但它不白白空轉，唱著情歌，即使半踏上了棺材，也是一艘好船。

20250304

不說告別——星期六世界周報見

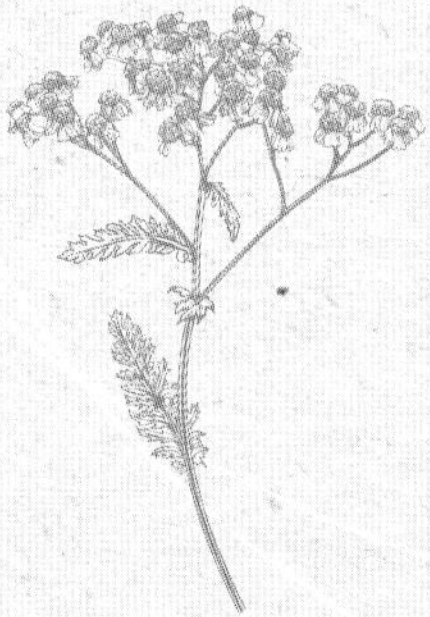

我醉了　我的愛人
我的眼睛有兩個你
三個你 十個你 萬個你
不要抱歉 不要告別
在這燈火輝煌的夜裡
沒有人會流淚 淚流
我醉了　我的愛人
不要　不要說謊
你的目光　說明一切

我們的一生已經滿溢
不要抱歉　不要告別
在這燈火輝煌的夜裡
沒有人會流淚　淚流

這是我和蔡琴的約會，有一天她會在我的病榻前，唱此歌，緊握雙手，不輕易鬆開對彼此的祝福。

昨晚夢見外婆，她對著我笑，嘴角上揚，小小的櫻桃小嘴。我問外婆，是不是我的世界要全黑了，才能看到妳？

她說：有舅舅在，他可以扛天，妳不要怕。

入夜之後，我的黑色素沉澱在眼前跑出的一大片黑點，比第四輪免疫治療前已有的症狀少了一半，但原來殺不死留下的黑點，一個個大了一倍以上，有的甚至長成毛髮狀，生活連洗把臉，都很不舒服。

所謂「眼不見為淨」，癌腫瘤長在身上，管它多大，反正看不見。

下午醫院緊急照MRI，照完，哦！腦部小腦有多了一個腫瘤，本來已經準備好出院，還好沒完成出院手續。明後天做架子，下週光子放療。

楊院長認爲必須立即處理，否則腦部會擴散很快。

我曾說霍金在《時間簡史》中的一段話，深深地影響我：我們看到的從很遠星系來的光，是在幾百萬年之前發出的光。

我們看的是它的過去。

我已看到許多過去……未必將來一定看不到，即使如此，我也不必束手無策。

生活少一點光，心中多一些光。

為了減少眼睛前上百個黑色怪怪干擾，把燈全關掉，開始過 Phantom of the Opera 的人生。

生命永遠有更好及更壞的事，互相牽引在我們的身邊，有時候壞的事逃不了，接受，比否認、抗拒好。

信心，是用來面對、克服及接受挫折，不是否認命運的安排。

謝謝所有人曾經給我的祝福和愛……沒有條件的愛。

我的腦，終於要和癌細胞作戰了。

我在臺大癌醫看到最美麗的人

20250305

各大醫院的傳送人員，是醫院的基層員工。將重症患者，從病房送入手術室，或者以輪椅推至檢查室。他們在醫院內穿梭，每轉個彎，即輕聲說道：注意輪椅或病床。防止碰撞，保護病人也保護一旁的行人。

我在臺大癌症醫院門口，常常遇到一些志工，幫助病患，看到我會說些祝福的話，甚至鞠躬，太不敢當。醫院每個轉角處，總站著一個志工，協助不知道如何掛號、找不到檢查或抽血站的病人。

這些志工年齡約莫比我小一點，或是與我相當。

他們在醫院看盡生老病死，一眼望去，沒有幾個微笑的臉。這可能是當志工最沉重、壓力最大的選擇。

焦慮不安的病人，怕遲了檢查不了又要等待的病患以及家屬，匆忙之餘，問完了，趕快急著繼續診療，有些人會忘記向志工簡單的道謝。

特別癌症病人，由於生命的催促驚慌，往往個人或者家人，免不了，心存我的病最大，我的痛苦最強。當然，他們的行為也不是有意的。

人那麼自我，要有同理心，不容易。

於是我好奇詢問傳送人員，這些志工是如何組成的？他們有些是家人在臺大癌醫康復，感念救恩之餘，加入了志工行列。有些自己是第一期患者，康復退休後，發願成為志工。

傳送人員的工資不高，志工更是無償。但他們的工作正是實踐「救苦救難」，工作很辛苦，但也因此是最有成就感、最美麗的人。

臺大癌醫傳送人員送我的陶土泥雕及祝福的信件。

鳥在花裡，花在風裡，我還在

20250307

許久沒有踏出病房，今天從病房大樓坐輪椅前進質子中心大樓，準備下週腦部光子刀治療的術前準備。

接樓的光廊，滿眼綠意。

我從山上來，不過住院十天，眼前的綠意還是震攝了我的靈魂。

鳥在花裡，花在風中。

今年天冷，花開得很遲，還好，我還在。

一個喜歡冬天的作家覃瓊燕寫春天，顛覆的特別有意思：春天裡的事物都太淺薄，桃花落下來，梨花落下來，孤獨沿著窗外的一片野薔薇瘋長。

「有誰會惦記一枚月亮嗎?」

走到春天，若以過去沒有免疫治療的時代，我的疾病，生命只能停留冬天，平均二至三個月。

現在的我當然無憾冬天，更無憾春天。

誰能與自己的回憶和孤寂毫無遺憾地分手呢?

鳥在花裡，花在風裡，月光啊，我還在。

謝謝臺大癌醫院長及所有醫護人員。

出發，準備接受消滅腦部癌細胞的光子刀的前置作業。謝謝傳送人員。住在恆溫恆濕裝置 Sharp 清淨機的臺大癌醫病房，人的身體自然少了免疫攻擊，心肌炎慢慢恢復；少了過敏原，不必化妝，人一天比一天年輕，好像倒著過歲月。我戲稱臺大癌醫美容院。

不把悲傷留給自己，快樂病房之四

20250308

命運的酒杯越苦澀，我們愈應該張著笑臉。迎向它。

偶爾來個壞消息，沮喪免不了。但把它限制在一首歌曲的範圍內，長一點，貝多芬鋼琴協奏曲第五號第二樂章；短一點，聽聽 Maria Joan Pires 彈奏 Debussy。二十分鐘過去，傷，淡了；悲，輕了。慢慢拾回自己丟落的理性與冷靜，給自己一點緘默，一個最深的凝望。然後吐口氣，那沉在肚子裡的悶，隨之散、盡。

過去三輪免疫療法治療前，都來病房打氣的好友兼世界周報歐洲特派王雅倫，這回因爲照顧病重的媽媽，加上錯誤訊息，錯過了我第四輪免疫治療，又聽聞癌細胞跑到我的腦袋，她懊惱不已，但不是泣不成聲。

#她知道「悲傷」是一顆不好的藥丸。

一早跑到西門町，店家十二點才開門，她小老姐十一點就站在門口等。

下午沒多會兒，她號稱自己是「唐納德第二」，穿上迪士尼樂園的唐老鴨衣服，進入了病房，「買台積電算什麼？我要來買臺大癌醫中心，還有陳文茜，世界周報在白宮直播。」

我回：「我又不是稀土。」她說：「妳就是稀土，妳值錢。」

改寫一下馬奎茲：人處逆境時精神寄託可以是音樂，可以是書籍，可以是山川湖海，甚至可以是工作。

唯獨不可以是悲傷，無止境的悲傷。

20250312

我可以有體力當移花工了

會讓一個人閃光的並不是金子，而是她的使命感和意志力。

記得我研究所 The New School 第一任校長鄂蘭的一句名言：

當一個人不可冒犯、不可誘惑和不可動搖之時，他身上就具有了某種迷人的東西。

——漢娜・鄂蘭《黑暗時代的人們》

我可以有體力當移花工了

她說的是時代中懦弱的個人，如何抗拒黑暗。

疾病呢？死亡呢？衰老呢？

儘管還在醫院等待腦部光子刀治療，好一舉殺死跑到後腦勺的癌細胞，我已經把自己當成半個「健康人」，每日早晚在病床上做三十個仰臥起坐。

昨天「茜問」節目的團隊及鋼琴天后陳毓襄先後來訪，晚上大伙聚餐。

病房內防過敏原不能有花，我把好友送來的美麗花朵轉送給陳毓襄，自己推著。我還沒有倒下，不能當自己是廢物，即使有眾多幫手，也要自己做點活。

攝影師吳明忠拍下我推車當移花工的照片，茜女「優」魂，仙氣飄飄。

或許很多時刻是你先放棄了自己，老天才放棄了你。

以下這句話送給閱讀此文的你：

你生而不可限量。你生而誠信善良。你生而心懷夢想。你生而偉大。你生而有翼。你本不應匍匐在地。你能展翅，那就學會飛翔。

——魯米《萬物生而有翼》

堅持好好地生活

20250313

我早已開始和自己賽跑。

終點線上沒有花環等待我，也沒有獲勝者的名字被宣讀。

我的獎勵就是堅持好好地生活。

關心的朋友問：

癌細胞擴散至腦部，心理的影響是什麼？

打完光子刀，頭疼嗎？

世界周報還能主持嗎？尤其本週？

我唱了一首歌，回應他們。

星期六晚上九點，如約見。

20250321

死亡，不是悲傷的事

「親愛的，你快樂嗎？」我在課堂上問，三個孩子舉手。

「親愛的，你悲傷嗎？」三百個大學生中，近一百名點頭。

「悲傷」是一種共鳴，一種沒有學名的細菌，在空氣中飄忽、蔓延、四處傳染。

「如果青春是悲傷，那死亡是什麼？」

幾年前，我在臺大問學生們，他們瞪大著眼睛望著我，我的聲音如魂魄敲響他們的耽溺，沒有鬼魂的淒白，卻向他們說出如穿越生死般的警語。

「死亡，不是悲傷的事。」我一個字，一個字念出。

死亡，真的不完全是件悲傷的事；相反地，它可以教導我們許多所謂「向死而生」的智慧。人不一定要等到靠近死亡，接近棺材，才體會生命有限，因而才斷了一些沒必要的怨念，彌補人生缺憾。

人如果可以從年輕時即時時念著死亡，學習死亡，日子會快活很多。

事實上，面對死亡是產生智慧最好的思想旅途。

幾乎所有的天才，賈伯斯、愛因斯坦、蕭邦、莫札特……都在死亡之前，突然豁然開朗！丟了生活纏繞一輩子的糾結，母親的無情、父親的殘暴、親情的棄絕、愛情的離去……

所以在你認識死亡之前，請不要告訴我，你知道什麼叫「空虛」。

在你體會不能呼吸之前，請不要告訴我，你明瞭生命光是呼吸，就是件多麼美麗的事。

在你理解心口即將停止跳動前，請不要告訴我，你已體悟何謂紮實的生命。

厥，野味，自然，仙氣滿滿。

大理花，孤單的有點害羞。

生命本是宇宙中一棵偶生的小草，或許每個人終有偃旗枯萎的那一天，但只要根還在，無論多老、什麼狀況，我們的每一天，都保證比死亡當天精彩、盛開、燦爛。

死亡的顏色是黑的，人們怕面對它，於是逃避、否認、恐懼……假裝我們可以永遠活下去。

但妳若認識黑色，才明瞭什麼叫彩色。

對於死亡的逃避，是人活下來的辦法之一；或者乾脆藉由「永生」、「轉世」，轉念人們對死亡的恐懼。但這種偽裝，反而使我們無形中未曾意識生命如何稍縱即逝，反而使我們胡亂揮霍生命。

悲傷成了一種生命的普遍滋味，生命原本該有的甜美，經常性地消失了。

於是，人似乎只有在特殊狀態下，才能快樂。

曾經有人誇我聰明。聰明不是銳利、善於生存、懂得爾虞我詐之道；聰明是看懂了生命，並懂得與命運「欣然」共存。

我們凡人一定要等到罹重症那一天，死神「住你樓下」，才驚覺「生命可貴」嗎？

腦部癌腫瘤打完光子刀，道別腦癌的隔一天，我不明所以頭痛欲裂，躺坐於頂樓陽台。

當日傍晚夕陽如酒，海洋的呼吸聲在遠方，此起彼落，酡紅色的晚雲懶懶地披散天空各角落。鳥兒高飛，無關乎羽毛之輕重、無關乎生死、無關乎愛或者恨，牠們只是快樂飛翔。夕陽慢慢沉下，它想跟雲說告別的話了，我醉其下，陽台地板有著老木濕潤分解的氣味，也有秋分的恬靜。我在陽台、在玻璃的邊緣看著前方，不想過去，知道當下。聽雨聲在河流中迴旋，想想人生是個逐漸空去的杯子，過一天，少一格。何必哀嘆空去，不醉飲尚留於杯中的醇樂之宴呢？

如果我們每天醒來皆確知，告訴自己生命終有一天必須散會。

在生命尚未結束前，我們絕不會像多數日子多數狀況下，把有限的生命任意拋棄，如同拋棄一片果皮。不久之後，我們都將慢慢變老，然後離開人生舞台……請不要懷疑，每一個人皆如此。你的時間真的有限，一格一秒，一分一流逝，請不要浪費在悲傷裡。

記得，在該微笑的時候微笑，在該歡樂的時候歡樂。勇敢踏上所有的生命旅途，年年月月，分分秒秒，直到最後向世間致上最後的留戀，我們才好好、無憾地離開。

20250322

入院，此次主題——京都

✧路途艱難，但已經上路，一切都在告訴你，它決不會後退，也不會停下。而你只能前進。

✧再次入院臺大癌醫，準備下星期一打第五輪免疫治療。

✧擺好家中收集多年的京都餐具，包括外婆生前夢想的「虎屋茶寮」日本皇室御用六百年老店羊羹，以及京都白川買的一個陶甕……先對它們笑一下，才前往診間 MRI 照腦部。

結果答案大歡喜！

#我的腦部癌腫瘤被光子刀一舉打死了。

#至少目前沒有再長出新的腫瘤！

#我保住了我的腦袋！

#由於其他的疾病（腦下垂體功能不足），我出現罕見的類腦膜炎副作用。起立，躺下，所有動作的改變皆頭痛欲裂。（接受）

#但我依然歡喜工作，躺在病床上，準備星期六錄影。

#半夜改完所有記者的標題、寫下訪談題綱……已經1:37分！（功課太多）

✧我的疾病從哪裡來，未來又將去到何方，請不必詢問；此刻我停落在一朵優美的心上，此刻我還在呼吸。

這就足夠了。

20250323

沒有誰可以毫無傷痕的走過一生

聲音在空氣裡燃成灰煙，晚霞被黑暗逐漸吞噬。在這個看似五花八門的癌症病房大樓裡，其實只有兩個聲音：活著，和死了。

生命從誕生那一刻起，每一次的呼吸都是擁有及拋棄、吐與納、吸與呼……它既是維持生命運作的過程；也是生命注定離開的最終儀式。

有一天當它呼出最後一口氣時，生命物體即了卻其存在，留下的只是曾經和「他」交手過的人們對他的悼念。

Sisy
ppy Birthday

他埋葬於土中，但他已永久離開人世。

我們真的知道什麼是死亡嗎？

死亡，是一種永恆的緘默。我們使用「窒息」兩個字，似乎代表對死亡的反抗——假設人的呼吸是永恆的，在某種外力介入下，一個生命止住呼息。

死亡是什麼？人們為何如此懼怕？如果人人免不了一死，為何除了圓寂之和尚，打坐直視死亡之外，人們總是避免討論死亡。

因為死亡不是詩詞般的晚霞，當它被黑夜吞噬後，走入黑暗，明天會再歸來。

死亡代表的，是永不歸來。

當我們是「未亡人」時，我們選擇相信靈魂，接受永生、篤信輪迴……坦直而言，這一切「迷」中之「信」，只因為我們無法直視死亡。

就這麼走了嗎？一千光年之前死掉星球的黑洞在宇宙中都仍有回音；人，活蹦亂跳的，舞劍群雄的……死了，一把罈子裡的灰；就這樣嗎？

是的，我們可以以詩、以安魂曲、以高昂的朗誦呼叫我們的摯愛，相信他仍聽得見。他已逝、他成仙、他入土、他仍在。

我們自己呢？多數時刻我們都無法面對自己生命徹底地消失。物理學家霍金曾經說了一句冒犯上帝的話，「人要愉悅的活著，只有接受自己會死亡，沒有永生這回事，人才懂得珍惜眼前的日子。」「所有的科學，必須從否定上帝開始。」

我不想否定上帝、佛陀、上蒼……理由之一，我的角色不是天文物理學家。之二，如果敬畏上天能節制人性中的惡，解脫超越不了的苦，宗教有其崇高的價值。人在垂死之前，極少沒有巨大的恐懼、遺憾、傷感……如果宗教中宣揚的靈魂信念可以安慰即將逝去的亡者，安慰不捨的至親，「科學上」即使它無法證明，但「實驗上」它確可解決人生巨大的悲痛和恐懼。

想起來人的一生真是孤單又疲倦。我們一生都在和各種「東西」賽跑，為了闖過一次又一次的障礙物，跳過一次又一次的欄杆，人的一生，即使最順利的人，也是滿身傷痕。

英國國王查爾斯算幸運的吧！誕生王室，卻當了幾乎一輩子王儲。他的愛情沒有自主權，他的婚姻必須被許可。他和一名叫黛安娜的女子，走入西敏寺，寫下童話故事。但美麗的王妃無法陪伴他孤獨的靈魂，一切皆為了王位，王妃以轟轟烈烈的死亡結束實質殘忍的童話——一切皆為了王儲，一個準備登基的身分。然而他高壽的女王母親，使一切的犧牲

TVBS 電視台提前為我過 67 歲生日。謝謝所有的團隊同仁，感謝電視台的精心布置，總經理 Sheena 精選的蛋糕，細心避開花粉製作的毛線花束。

看起來了無意義。查爾斯的生命從來不曾遠離孤獨，無論他的愛情婚姻成功或失敗，在白金漢宮大花園中，他如影子一樣，只是皇室的一隅。他快樂嗎？若他，最終維持七十五左右的平均壽命，雖算高壽，但那也可能意味著此生他注定只是一名被儲備且過度苛責的生命……他完全沒有自己。

所以沒有誰是毫無傷痕的走過一生。在生命跑道上奔跑，到一個階段，我們明明累了，卻害怕退場；因為那意味著永恆的消失，而非暫時休息。所以世界上最遙遠的距離不是生與死，而是你走入死亡之前，走入生命終點之前，直視它的能力。

我曾經恐懼死亡，和所有的常人一樣，我總是蓋起了被子，讓眼前一片漆黑，然後趕緊轉念。

再過幾年我即屆七十。大病中，我還能逃避死亡多久？一年？幾個月？三年？

對他人的死亡，我們學會依賴時間、宗教、儀式……然後漸漸放手。

對自己呢？

如何放手自己的人生？

重病後，面對死亡我曾問自己的第一個問題：妳想活多久？第二個問題：妳希望以什麼方式死亡？

一般人勇於面對死亡以後的事，喪禮如何舉行、遺產怎麼分配（這是人關於死亡之事意志力最強的事），火葬、樹葬、土葬……人們總是直接跳過對死亡的直視，只談身後。

其優點是人即使「勇敢面對」，也於事無補，因為死亡之神的召喚，往往突如其來。缺點是人若沒有「猝死」，而是有意識的、長時間的慢慢死，活著等於是死亡恐懼之菌的吞噬體，活命成了詛咒。你活著，天天和死亡交戰，天天打敗它，可明日又是一場硬仗。

於是活下來，不是愉悅地活，而是恐懼地活著，直到最後的死神降臨。它，還是贏了。

而隨著人類醫療的發達，後者現象愈來愈多。古人過了八十歲在家中死亡，叫壽終正寢，家裡辦喪事綁著紅色大花，因為過往長壽太難。現在各大醫院門診急診，卻充斥著八十歲以上死亡焦慮症的長者，他們把長壽的生命拿來和死亡搏鬥，悲壯且殘忍，宛如長征。

但永遠不要忘記這一場比賽，「人」注定會被打敗。我很慶幸沒有等到重病，一過了五十五歲之後，我已開始練習和死亡對話；當我開始面對真正的「一無所有」，我學會了對生命更多的寬容。我不要帶著創傷和心結，度過未來剩餘的時光。

是的，或許童年的我曾經很孤獨，或許青春的我更破碎，但即使破碎的青春仍有殘物。

如果有一天人勢必「一無所有」，你看到的是自己生命中殘缺那一塊？還是曾經擁有的一塊？

在面對未來的死亡時，我意外學到更多面對過往寬容的能力。

我告訴自己，活著，毫不費力呼吸一口氣，為需要妳的人而活著，愉悅地活，就是生命的真實意義。

在生與死之間，不該是恐懼，不該是強求；而是微笑。不停地微笑，愉悅地微笑。享受生命中仍然有的那一口吐與納、呼與吸……

修煉死亡，與死亡對話，不要害怕。

時間的流水滾滾而去，我們的人生本來就宛如泡沫，有一天也會隨著日夜流逝帶向遠方。

那一天時間到的時候，我會告訴你們，別解讀我的死亡——那是道，非名。別解構我的離去，我清醒時，也喜歡飛翔。你不必撬開塵土中的棺鎖。此刻，我已臣服於土，心悅離塵。我的靈魂悄聲低語，深懷感激為心潮起伏的每一滴淚水。

我只是穿越了時間之牆。

別解讀我的死亡，那是道，非名。

20250324

生日感言之一：每個生日都是跨越也是倒數，請好好生活與愛

杜斯妥也夫斯基善於寫瘋魔的人，讓人們看到善與惡是如何同時存在於一個人的內心深處。

看盡人性的醜惡之後，他固執地相信人性仍會留存善良。

不管世界給予他多少苦痛，他總是嘴裡一陣咒罵後，依然寫下愛是如何抵抗洶湧灰暗的卑俗洪流。

生命的最後他仍在不停地寫，寫善良、寫正直、寫永不相忘。

他將所有的醜惡，終結於毫無畏懼的筆尖。

「我們最終會發現，反抗痛苦的最好方式是愛與生活。」

#請好好的生活

#請好好的愛

#每個生日都是跨越也是倒數

#堅持你相信的善良

打第五輪免疫針，事先一堆血液報告的壞消息；我聽完，吃下好友孫嘉蕊帶來的幸福泡芙，把我無能爲力處理的壞消息丟到九霄雲外。然後那個世界周報的歐洲特派王雅倫又來搞笑了。在醫護人員照顧及好友陪伴下，度過快樂免疫治療日。

生日感言之一：每個生日都是跨越也是倒數，請好好生活與愛

生日感言之二：給自己的情書

20250325

一生中，最光輝的一天並非功成名就的那一天，而是從悲嘆與近乎絕望中，產生對生命挑戰與勇敢邁向未來的那些日子。

家中傳來今年第一朵綻放的紫藤花，我想起了佩索阿的句子：花在泥土裡沉默，如同我心中未寄出的信。

院長昨日前往巴黎出席重大會議前，也捎來好消息；送往美國的血液報告呈現——沒有癌細胞在血液中。

它代表：

①我可以也可能邁向康復之路。

②我未來的主要醫療任務是殺死仍然存在於我各器官內的惡性腫瘤及黑色素沉澱。它不容易，但至少目前沒有新「敵」再加入。

③免疫療法傷及我的腦下垂體，我的腎上腺素尤其腦下垂體指數 ACTH 皆低於 1（正常 46-66）。必須密切觀察，防止休克，所以我必須留在醫院，直到它脫離危險區域。

我沒有想寄出的信，但我想寫一封信給自己。

Dear Sisy:

疾病看似吞噬了許多日子，它在我的睫毛上種下宇宙，也種下平靜的呼吸，我把對世界的愛結晶成一種平常的心情，不讓懸浮的生死問號，不斷地砍向自己。

Sisy，過去幾年，尤其過去四個月，妳沒有讓我失望，儘管好幾次妳的生命懸停在永恆與瞬息的邊緣。

冷風，那些令人低谷的醫療報告，沒有打倒妳，甚至未曾真正動搖妳。

妳看著它們，在妳的身體裡一一發生，但它們沒有把妳撕成碎裂的經文，每次風翻旋，都吹不起妳的驚惶。妳面對疾病的笑容，如對疾病的否定式，儘管妳的身體有時候已虛弱地無法走一條巷子。

親愛的 Sisy，妳在多年前，生重病之前，已經寫了好幾篇「修煉死亡」的文字；當生死逼近著妳時，妳做到了，妳未曾哭泣，看著那些照顧妳的朋友、親人、醫生們泣不成聲或流下眼淚；妳反而為他們不捨且感動。

惡疾是對一個人是否勇敢面對生命真相永恆的提問，而妳給了一個好答案：置生死於度外，把每天過好，把「無常」當「平常」。

妳即將度過這一世妳在這個美麗地球上第六十七個年頭最後一天，遠方、身邊紛紛捎來各種祝福。這個生日，對妳不容易。我想在今天好好擁抱妳，抱著妳疼痛的身軀，更抱著妳堅挺的靈魂。

I Love You, Dear Sisy

I am proud of you, dear dear Sisy.

疾病並不一定是苦的，它有時候會讓你遇見幸福，珍惜幸福。

20250326

生病的時候，要懂得付出，而不是觀看自己的痛苦與傷口

✧約莫一個月前，入院後第二次拍ＰＥＴ，僅時隔一個月。結果肺裡的惡性腫瘤長大至十公分，有一個跑到淋巴。肝臟惡性腫瘤，從兩個增加至少十個。原兩公分腫瘤長至六公分。除了楊志新院長認爲要篤定等病理切片報告，多數醫師皆認爲我的免疫治

療失敗，可能要改為雙標靶。這樣的判斷有其經驗基礎，過去黑色素瘤比胰臟癌還惡，病人頂多活個三個月，多數活三十多天。當醫師告訴我這個訊息時，我的第一反應：如果我只剩下三個月，史特勞斯我的老狗怎麼辦？我以為自己可以活得比他久，他是我唯一沒有安排別人接手的狗，不太站得起來，吃流質食物，只剩一個眼睛……於是我想到臺大動物醫院院長蘇璧玲，她是我認識對動物最付出的醫生；而且早已主動表達願意認養西西里島和東大寺

當她的兒女每天跟著上下班。

當晚她來看我，臺大動物醫院就在臺大癌醫旁邊，坐在病房我們說說笑笑，桌前有紅豆湯圓，甜食，挺誘人。她是一位美女，去年減肥成功，沒會兒又胖了。猶豫之間，我告訴她，妳有兩個選擇：

①得 Cancer，吃什麼都不會胖。

②健康，吃什麼都胖。

她大笑之下，拿起了紅豆湯。

之後我們談到我的病情，她二話不說，只要我有一個助理可以在醫院幫忙照顧史特勞斯，她會幫史特勞斯到最後。說著這些話，這位 Cool Cool 從德國拿博士回來的院長，用手很快的抹去眼淚。

我談笑風生，她不可以哭。

當你即使面臨即將離開的命運處境，如果你是愛他人超過愛自己的人，你的沉重會輕一點，而且來不及恐慌。

#後來病理報告切片出來，那些腫瘤中間有一部分已被免疫療法殺死，癌細胞不到1％，外圍35％部分仍是癌細胞。證明免疫療法有效。媒體報導我癌末是真的，但我還是可以繼續進行免疫治療，我的天空還有一片雲。

✧生日當天收到伯大尼兒少家庭基金會（家暴兒童收留之家）及院長的祝福，孩子們精心製作的卡片、食物。即使躺在病床，我還是可以網購東西，召集更多朋友投入捐甜點、物資、火雞、被子、保暖衣，或者捐款的工作。

尤其每週六派我的孩子們當療癒天使，即使他們帶著KFC炸雞、Pizza、烤雞、可樂，孩子們都搶在門口等狗，看誰先牽到他們。沒有人比這些孩子更需要純真的小動物。

✧生日一大早，臺灣鋼琴天后傳一段她自導自演的影片，這兩年她在稻香長照中心義務教失智老人彈鋼琴，還辦了一場音樂會。她的訊息如下：

感謝文茜姐和文茜的世界周報 Facebook 在北投稻香日照中心兩年前成立的時候，幫我們募到了十八台鋼琴。

這兩年來，稻香的長者們不但每個星期四能上鋼琴課，每天還能練鋼琴！現在所有的長者們不但都會彈鋼琴，失智狀況也都進步了！沒有您就沒有我們！

稻香的長者們和襄襄老師在三月二十五日祝文茜姐生日快樂！身體健康！功德無量！Happy Birthday！

#誰說生病的人只要注意自己的身體。

#我們依舊可以付出只是方法和一般人不同。

#當你生病的時候依然懂得愛別人關懷他人，你的呼吸、存在，生命有了特別的價值。

鋼琴天后在稻香長照中心音樂會表演影片（請掃 QR code）

20250327

不好意思，
我不稱自己是癌末病人，
別人的統計存活率
與我無關，
我還活著

✧感謝所有的關懷。昨晚發的文章，主要希望生病的人，多關注別人，不要一直看著自己的疾病。痛，指的是身體；苦，是自己的心靈狀態。

北投大地溫泉酒店為我特別製作的蛋糕，旁邊都是我的寶貝，西西里島做的活靈活現。問候我的朋友，我無法一一回應，只好貼此圖：女王健在。

✧我的身體在一個月前的確一度被認為可能免疫療法失敗，但臺大癌醫楊志新院長及美國哈佛大學附屬醫院的黑色素腫瘤權威醫師 Dr. Sullivan 一致認為不要猜測，不要只看到腫瘤生長速度，切片，只看ＰＥＴ。結果切片結果，新生癌細胞有65％成為發炎組織，35％為癌細胞；長大的肝癌腫瘤核心部分已被打死，Less than 1％存在癌細胞，變成硬塊，外圍新組織還存在癌細胞；這是好消息。另一個更好的消息是送到美國的血液檢查已經沒有癌細胞。

我前天生日（三月二十五日）貼文中，寫了這個訊息，感謝所有人給予我的恩典。

目前我的所有問題包括：舊殘存癌腫瘤尚存在，即將照ＰＥＴ檢查是否還有新腫瘤……以及免疫療法及光子刀打腦癌使腦膜腫大發炎的後遺症。

所以我還在「京都旅行」，出不了院。

✧感謝媒體的關注，但經常把我寫的死來死去，害我活得很不好意思。

✧只好訂今天三月二十七日為 Sisy 復活節。

✧若驚擾任何人，抱歉了。

✧最後以一首赫曼赫塞的詩當復活節文的結尾：

全世界的水都會重逢，北冰洋與尼羅河會在濕雲中交融。
這古老美麗的比喻，讓此刻變得神聖。
即使漫遊，每條路也都會帶我們歸家。

——赫曼赫塞

好友 Tammy 在我生日前一天為我在她修佛法的佛堂點的光明燈。

以余光中的詩，送迎我的腫瘤

20250403

終於，頑童不再盪鞦韆了，
鞦韆架空在那裡。
讓我們吹奏所有的木管樂器，
送他到童話的邊境。

——余光中致e.e.卡明斯

四月二日照PET，免疫療法殺了我身上許多腫瘤。有的成為殘骸，有的組織鬆散，有的變小。

曾經稱之為「渣男」的，如今把它當頑童……有一天我經歷的近乎絕望的一切，可能成為「童話故事」。

#感謝臺大癌醫楊志新院長及所有醫療團隊。

#奇蹟總在不經意的時候出現。

#未來持續每兩週打一劑免疫針至少一年。若是腫瘤再生長，再回到冒險的兩劑。

#謝謝所有曾經祝福我的人。

#願其他癌症患者一起努力，克服治療過程的痛苦，與我享有一樣的轉折幸運。

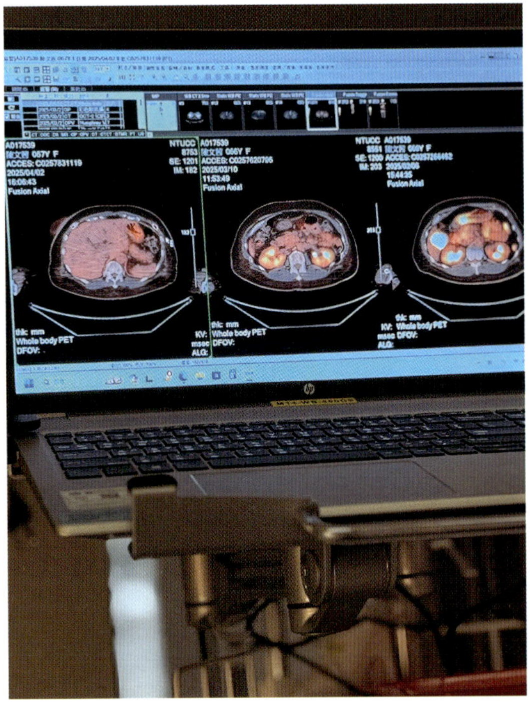

兩個月前，滿布癌細胞的肝。從右至左，漸漸消失的光點（代表惡性腫瘤）。肺，太可怕了，不要看。骨頭也是。

即使落葉也可以圓滿

20250406

即使你的人生沒有重大疾病，還沒有倒數，但過了一定年紀，其實等於也已經倒數。

過了五十歲，接近外公二二八坐牢出來開始肺癆吐血的年齡，開始學習倒數人生的智慧及意義。

也從那一年開始，我每本出版的書籍，不論版稅收入百萬、兩百萬、三百萬、四百萬……一律找公益團體全數捐出。包括兒童癌症，嚴長壽先生主持的

公益平台、肺癌基金會、雲門舞集、救援流浪動物街狗基金，台灣國際音樂家協會……

至今十七年，未曾改變。

從紀念受苦的外公那一個年歲，我認為我的生命是多出來的，能夠活著，就要多做點有意義的事。

所以當我真的面對重病時，我反而覺得它是我等待許久的朋友，只是以前的我，不知道何時將遇見它，它將以什麼方式出現。

一個人若學會倒數生命，計較會變少，快樂會更多；真遇見了什麼大事，勇氣也十足！

——陳文茜

Chapter 3

我無法前行，我仍將前行

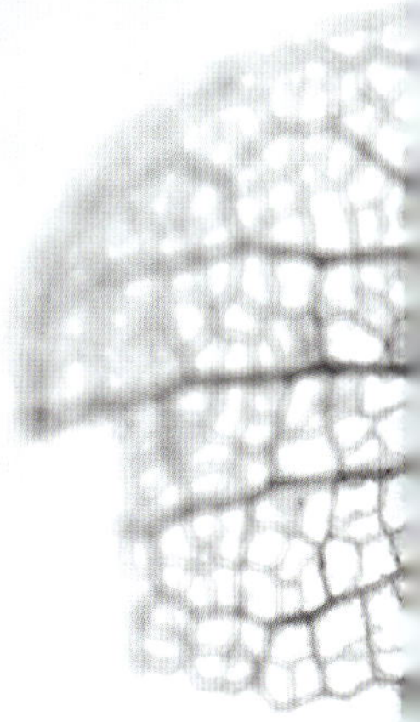

星星，是最冷漠的情人

抬頭望星星
我很清楚　若它們願意
我可以爬上星空　摘取那　可望不可及的星光
它們是塵世上最冷漠的存在
即使如此　它們仍懂得綻放光芒
它比起人類或野獸　都不令我們感到可怕
一開始我們已經知道答案

它比死亡遙遠　卻不令人失望
它比死亡冷漠　卻不令人恐懼
它不曾給予許諾　卻溫柔伴陪
星星以我們不能回報的激情，為我們燃燒
我們有何話可說？
如果感情不能平等，那愛得更多的是它
雖然我常常覺得
我是星星的仰慕者，它們並不在乎
每次看到它們，我也不曾埋怨你整天把我想得好苦
若有那麼一天　所有星星都殞落或失蹤
那才叫真正的死亡　真實的黑暗
在望星、披星、摘星的趕路人生中
我學會了眺望
眺望一個虛無的天空　眺望一個空無所有的結局
眺望全然黑暗的死寂
我只感到它那萬一全然黑暗的莊嚴

星星
最冷漠的情人　最溫暖的陪伴
最沒有答案的答案
最遙遠的死亡

20250408

愈絕望的世紀，我們愈不能喪失愛的能力

陳文茜 2024/10/22 天下雜誌

還記得二〇一五年那個叫 Aylan Kurdi 的三歲男孩嗎？他躺在土耳其沙灘的畫面，如天使般的臉龐，短暫融化了人類的冷漠。

那個姿勢如夢見未來生活的美好；天使不要再逃，不要再看見人類的殘酷，他以一己之死，在又暗又黑的水旁，敲打了我們古老心底的善良。

但人在某種的情境中，會喪失哭的能力；喪失同情的能力；喪失愛的能力；喪失憤怒不平的能力。

包括記憶的能力。

我們選擇性的「失憶」，因為我們如此自私，我們拿亂世沒有辦法，我們一方面稱自己渺小，無能為力；一方面卻又把自己的情緒、名利、奢望、利益無限擴大。

Aylan Kurdi 剛死的那一天，他的軀體躺在一波又一波的海浪旁，四下沉默，只有浪聲，沉默的天地突然成了一種呼喚，呼喚每個人人性中僅存的良知……

於是，現在回想起來如天方夜譚，英國大批民眾上街頭抗爭保守黨及工黨政客自私拒絕收留難民；奧地利兩萬人發出怒吼；拒絕 **Kurdi** 家人簽證的加拿大政府大樓外，人民咆哮……

那一天，世界的「人道燈火」，因為 **Aylan** 的死亡不再熄滅。

但僅只一天。

如今「敘利亞難民」如一個外太空名詞，他們不在美國總統候選人嘴裡，包括賀錦麗；不在歐盟的議程文字裡，包括馬克宏。他們只出現於以黎戰爭，從黎巴嫩再度逃亡的難民潮中。

或許 **Aylan Kurdi** 是上帝派來世間最後的使者，考驗這個世界值不值得上帝眷顧。

或許神曲畫下了句點。所以從此以後，我們看到的殘酷故事，戰火紛飛，漸成日常。

殘酷又絕望的世紀，你還會憤怒嗎？還是逃避？自己過好日子享樂？

我會憤怒。我沒有能力參與無國界醫生組織，或是世界戰地的救援組織；我的身體病了，但我的心，沒有生病。它還在跳，還會生氣。

二〇二四年十月二十日深夜，我看到紐約時報一則非主新聞的報導：〈全世界看著他被燒死〉。

故事是一名十九歲的加薩男孩，他是母親誇耀的兒子：小時候已背下整本《可蘭經》，並在大學醫學院名列前茅。加薩戰爭打斷了他的人生夢想，他想成為一名醫生。但當下最重要的是，這位名叫沙班．達盧（Shaaban al-Dalou）的男孩得先逃跑。逃離加薩。

自從以色列一年多前對哈瑪斯發動毀滅性報復攻擊以來，十九歲的達盧在社群媒體發表熱情洋溢的呼籲，公開了他逃難的「家」：一個小塑料帳篷，他沒有向命運投降，在GoFundMe的網站上設了一個頁面，呼籲看到這個頁面的人們，為他們全家的逃亡提供協助。

但命運和他想像的相反，全世界最終看著他被活活燒死。

十九歲的達盧被家人認出，他就是以色列火燒加薩走廊中部醫院一部駭人的影片的人物，那裡正有一個被火焰吞沒的年輕人，他無助地揮舞著雙臂，試圖掙扎，並且高聲朗誦經文。

當時的他不敢相信，命運會如此不偏不倚，如此不饒不恕。

這個影片，日後將成為加薩平民遭以色列無情殺害的象徵。它比當年納粹的「安妮日記」、越戰身上著火光身子逃跑的女孩照片，還令人震撼。

類似達盧的巴勒斯坦人，他們心中也都心裡有數，等待死亡，無論身懷什麼夢想。

他們沒有未來，未來是揮舞的火焰，直到死亡的疼痛吞噬之前。

達盧死的那一天是二〇二四年十月十四日。請好好記住。

當天，以色列對加薩中部沿海城市代爾巴拉赫「阿克薩烈士醫院」附近轟炸，以色列號稱他們正對附近的哈瑪斯指揮中心進行「ＡＩ精準打擊」。他們的「精準」打擊，卻打到烈士醫院，包括醫院內旁邊的停車場。達盧一家人正住在這裡。他們早已被迫逃離北加薩家園，他們和十多個家庭，在醫院院內停車場，搭起了帳篷，當成臨時的家。

他們曾希望聯合國禁止以色列針對醫療機構攻擊，他們曾希望國際法能夠確保醫護及無關哈瑪斯的巴勒斯坦平民安全。但是在美國護航下，以色列已經不需要遵守戰爭法、國際法，而且不允許被譴責。

以色列軍方表示，吞沒達盧之家爆發的火災，很可能是由「二次爆炸」引起的；但《紐時》表示：以色列軍方說不清楚二次爆炸到底是什麼意思。

影片第一時間由Middle East Eyes公布，以色列國防部馬上表示：它是假的、被捏造的。但經過法國France24、英國《泰唔士報》、英國Sky News紛紛證實其為真，說謊的是以色列軍方。《紐時》再經由查核部門及ＡＩ確認軟體，也證實是以色列的無情戰火活活燒死了達盧。

美國紐約時報公布真相後，以色列官方又加了一個補充說明，「目前事件正在接受審查中」。典型官方說法。

以色列政府非常有把握會有下一個死亡，或是大規模的戰爭，足以讓我們遺忘此事，遺忘達盧的名字。他們充分知道，我們既是自私鬼，也是「失憶人」。

當大火燒毀達盧家族的帳篷時，父親艾哈邁德先跑回了屋裡，他帶著年幼兒子和兩個大女兒，逃到安全的地方。

當他回頭時，他的大兒子已經身陷火海。「我可以看到他坐在那裡，舉起手指祈禱。」

他正念著一種在出生和死亡時，穆斯林背誦的信仰信條。「我對他喊道：『沙班，原諒我，兒子！對不起！我無能為力。』」

沙班．達盧，在二十歲生日的前一天去世。他去世那一刻，不僅銘刻於父親的記憶中，影片也傳遍聯合國。

美國駐聯合國大使格林菲爾德表示，她「驚恐地看到影片湧入我的螢幕。」

這位數次代表美國於安理會投下否決權，在聯合國大會投下反對票支持以色列的美國駐聯合國大使，終於說了她忍住許久的真話。她代表美國發出一封遲來近一年的聲明，交給聯合國祕書處：「沒有任何言語，根本沒有藉口，可以描述我們所看到的一切。」

「以色列有責任盡一切可能，避免平民傷亡，即使哈瑪斯在醫院附近活動。」

達盧一直是個信仰上帝，相信善良的好孩子。他曾在帳篷中開導其他人，「你要相信你自己和你的感覺」、「我們不會參加恐怖行動，它救不了巴勒斯坦人，繼續努力下去，上帝會為我們的族人開出另外一條路。」

達盧在死前，曾透過社群媒體尋求逃亡的金錢援助：「請你們為我們敞開心扉。我十九歲了，我不要在這無望的戰爭埋葬我的夢想。」在 Instagram 上一篇貼文中，他寫道：「請支持我，讓我有機會找到我的夢想。」他的募款活動籌集超過兩萬美元。捐款者包括海外阿拉伯人，還有一些歐洲人、美國人。這筆錢其實足以支付高昂的逃亡費用，包括他和他的親戚逃離加薩。但一切的努力，最終徒勞無用。

因為二〇二四年五月以後，以色列關閉了通往埃及唯一的拉法過境點，包括費城走廊。這個行動，困住了所有加薩居民，使得任何逃亡變得不可能。

以色列的理由是：他們不希望哈瑪斯逃出邊界，之後又死灰復燃。

埃及同意的理由是：他們接收不了兩百萬巴勒斯坦難民。

聯合國救援組織數次想突破此封鎖，包括一個叫「中央廚房」的救援機構。由西班牙的一位主廚發起，總部位於美國，一群廚師們響應，他們在烏克蘭、加薩傳送食物。他們進入拉法前已通報以色列，卻連遭兩次以色列軍隊砲轟，損失兩台車輛，死亡七名國際志工。

以色列的理由：「溝通不良，誤炸」。加上逗點剛好七個字，搪塞七條歐美偉大志工的命。

被火活活燒死的達盧姑姑向《泰晤士報》展示五月份，達盧一封短信問她，「他反覆發作的罕病，是否可能使他依國際人道法，具資格接受醫療送至埃及？」她回答說，這不太可能，即使是她的一個朋友，「妹妹失去了一隻眼睛，也找不到讓她出去的方法。」

但達盧仍相信上帝，常和她在帳篷裡吃午餐的侄子，似乎相信世界仍有公理，鎮定自若。他會看新聞，分析以色列總理納坦雅胡及美國總統拜登的講話，然後告訴她：「戰爭會結束的，正如從前一樣。」「樂觀一點，一切都會好起來的。上帝保佑，上帝會幫助我們的。」

火焰中，上帝的子民丟下了炸彈，炸毀了十字架。

至高無上的上帝，已無法看清楚這個他不熟悉的世界。

以色列曾被恨的風暴屠殺，如今再以恨的方式復仇，而且是趕盡殺絕，沒完沒了，長期戰爭，一直擴大。但不論以色列開了多少條戰線，他們永遠不會忘記加薩，「那裡還有未殺盡的敵人。」

深夜，我閱讀《紐約時報》報導，再追查之前其他新聞，包括以色列軍隊在約旦河西岸進入電視台，軍人拿著槍封鎖半島電視台，我的痛及憤怒到了極點。

痛：因為達盧和我們一樣，他有身為人的一切權利。他那麼努力，卻在全球注視下，於大火中被活活燒死。

憤怒：我知道這個世界多麼偽善，人多麼自私。在這個世上，最容易生存的已不是蟑螂，而是「不干自己之事的自私人」。多數人怕事、自私，只要不殺到他床上，他寧可閉眼假裝不知。

曾有人勸我不要批評以色列，「猶太人勢力太大了，這對你不利。」以色列駐臺代表處曾經希望和我溝通，我拒絕了。回：「等你們的政府停止殺平民，我們再來討論一些事情，否則徒傷感情。」

一位經常上談話節目的朋友，以結構式語法分析：「瘋狂的以色列就會誕生瘋狂的哈瑪斯，瘋狂的哈瑪斯就會使巴勒斯坦人受害。」

我看到一個十九歲的孩子，他和他的夢想被活活燒死，我對這種「歲月靜好淡然式」的分析文字，無法接受。我寫下：國際現實不代表我們需要冷漠。國際的無情不代表我們應該跟隨，無動於衷。

我彷彿看到九年前的庫迪和達盧在另一個世界，在水火中擁抱。那裡有真正的上帝，那裡有真正的神曲。

我很渺小，我年紀一大把，我病得不輕。但我的心還在跳，我依然憤怒、我依然心痛。願你和我一樣。

這個世界的歷史一直是一群人，共同發出怒吼，才改變的。不是蟑螂，不是自私鬼，不是歲月靜好，世界才產生了人道主義、國際法，以及民主。

阿門。

人生從來不是一條直線

20250429

妳是奇蹟！

妳可以克服一切病魔！

這些語言及加油的背後，都是善心與祝福。

但我必須知道，所有的疾病，最終都會打敗我。

人生不是一條直線。

我可以把免疫療法當旅程，此次葡萄牙，下站京都，

這回匆忙換成拼湊的法義，緊急入院。

我的黑色素瘤，過去是癌王，現在有了免疫治療，

最幸運的如美國前總統卡特，他已擴散至腦、肝，七個月治癒。運氣壞的，在免疫治療過程，光是副作用，即因此而亡。

我不知道未來，我既不活在過往日子的緬懷或者些許榮耀，也不曾期許自己還有五年、十年寒冬春暖。今年春天的白流蘇，院子裡的非洲芙蓉，婀娜多姿的玫瑰……已足以讓我感念上蒼之垂淚，Today is my moment，Now is my Story。我笑，偶爾嘆息，但每天不會忘記細數天空的星辰。

除了此刻的幸福，未來我必然走入塵土。

「未來」有多長？有多久？如何丈量？

它不會是此刻綿綿無絕期。

疾病轉成全身擴散的癌症時，外表看起來很多事還沒發生；但有的事一定會提早或此起彼落發生。

當醫師告訴我，我的左肺現在共有四個疾病：第一，三個黑色素腫瘤，它縮小中，但尚未消失。第二，非開放式肺炎，醫院迅速動用「支架氣管」術取出感染源，找到針對性的抗生素。三、肺浸潤，這個好處理。四、立即切片出來的新「腫瘤」不是癌症，而是答案更糟，因免疫療法導致的間質性肺病，一般人如果不適當立即處理，會永遠纖維化。但我的難題是：它必須高劑量類固醇治療三到六個月，這段時間免疫療法要不要停？停，可以預防間質性肺炎惡化，避免因此導致死亡。但黑色素癌細胞不是普通癌細胞，它隨時可能大量捲土重來，不可收拾。但若不停，我等於是冒著生命危險，繼續治療，結果歿於間質性肺炎。

這是一個非常理性的決定。

疾病，最終會打敗我。奇蹟，不會永遠在我的身上出現。

#活得久不代表活得好。

美國哈佛大學的權威醫師在上回我的肝癌從兩顆一個月長到十顆左右時，要求不要輕言放棄免疫治療，先切片。到了攻擊心臟時，他認為應該停止免疫治療；但臺大癌醫楊院長不放棄，和另一家美國權威癌症醫院 Sloan Kettering 聯絡，他們的意見：我的心肌炎並不嚴重，冒險打……於是我活到了今天，闖關成功。

但這次的肺部攻擊，我已經高劑量治療超過十天，沒有好轉……我該停止免疫治療嗎？

如果不懂得疾病的微妙，它不是一條直線，時間伴著它不是只是流逝，它會回捲，如漲潮時的浪。

我和院長討論了第三條路，如社會學家 Anthony Giddens 當時失敗的「第三路線」。並不是第三條路可以解決問題，純粹是知道自己想拒絕第一、二條路，所以幻覺了這第三條路線的可能性。

時間不語，未來它將回答所有問題；歲月不言，但至少它會見證我所有努力。

「包法利夫人」走上她的「墜落軌跡」，因為她覺得自己活像一所搬空的房子，好不淒涼。

她決定對抗命中已注定的結局。

生命彼岸是真實的，我們不想它突然降臨，於是有一刻我們盡情投入抗癌之戲，一旁響起掌聲，妳是奇蹟！妳是奇蹟！

教宗方濟各在二〇二二年已預知自己的死亡紀事，他留下了仁愛的遺囑。他對加薩少數的天主教徒自二〇二三年以來，每日以 YouTube 傳播他的祝福，直至二〇二五年四月十九日，他往生前兩天。

他既無法改變也阻擋不了戰火，但他讓悲劇中的人，在戰火揮舞時，聽到了遙遠寧靜的祝福。

之後，他以另一種型態的復活方式，埋葬聖母大殿地底，永留我的心中。

我繼續我的使命工作，哭著說起了他，我沒有浪費生命，除了繼續世界周報的工作，也持續台灣國際音樂家協會理事長角色，及伯大尼兒少家庭基金會的志工。

儘管我不知道可持續多久。

即使現代進步的醫學，最好的醫療團隊，我也只能接受自己生命的流逝，就像別人一樣，每個人都有生，有死。

不同之處在於：我是一個心滿意足的觀眾。看著自己的疾病起起伏伏的觀眾。

今晚我突然聽到臺大癌醫旁偶爾穿越的聲音，一座城市最容易被忽視的部分，臺大癌醫院座落於一〇一、自來水廠、第二殯儀館之間。

聲音在繁華、生活、死亡中流動。它本來無處不在，像風一樣難以捕捉。

我們習慣了用眼睛去丈量一座城市的高度，用腳步去感受它的溫度，卻很少停下腳步，閉上眼睛，聆聽它的呼吸。

今夜我聆聽了，如復活的我。

告訴自己，生命不是一條直線，擁有此刻的幸福，我已無求其他身外之物。

人往往愈在生命的混亂中，愈會看到生命的美……破碎的立面，比完整建築接觸的空氣更多，它更知覺，更有堅持的毅力。

終於奮力張開它的形構，成為一個更完美的作品。

願未來不可知的我，接觸更多的空氣，聽到更多的聲音，感受更多的良善，全力以赴我的小小使命工作，讓自己終而成為更好的作品。

八十八吉祥之時間的法輪（董承濂）。

巨嬰疼子泡澡記

20250501

生活本身就是一個最美的童話。

即使在暗處執著生長，仍可日馥傳香。

泡湯，正確的說，喜歡洗澡，是我自嬰兒初期即有的習性。媽媽形容我，才一個月娃娃，放在小澡盆，踢著水，樂不思蜀，水通通聲響起，比什麼都開心。它也成為我的第一個名字，「疼子」。疼，取水的聲音，也意喻當時父母的愛。子，是日本小名。

「疼子」長大了，在宇宙的穹頂之下，在時代的刻痕之下。

無論何時，疼子總有一個大澡缸，這樣一個快樂的孩子，坐在澡缸裡，哼著歡快的音樂，甚至吃著潔白的冰淇淋，想像自己遊蕩宇宙星空之間，或者慢慢地走在鄉間小路上。

水，通通響著，身體舒暢，室外的風，或輕悄悄的；草，軟綿綿的，若是有雪，那就盯著雪花飄落窗台，看著它凝固，或者鋪成白色大地地毯。

我和澡缸之間，如千年古戀，那種快樂沒有邊際，卻比幾何更精確。

現在，我幾乎以醫院為家。

為了避免感染，醫院向來沒有澡缸，只有蓮蓬頭。

疼子，怎麼可以沒有澡缸呢？

醫院的規定，是醫院的必要規定，疼子，不會也不要接受醫院的限制。

生病已經夠倒楣了，怎麼可以連澡缸都沒有。

疼子，一定要得到一個澡缸。

於是我的特別護士在凌晨某家嬰兒及五金店裡，買了一個巨嬰用的澡缸。

而且是 Tiffany 藍！

衣帶漸寬終不悔，為伊消得人歡樂。

於是即使住在臺大癌醫中心，我依舊泡湯。雖然它不到我家澡缸十分之一，不及我家溫泉二十分之一；

我在臺大癌醫病房的巨嬰澡缸，一旁給病人洗澡的座椅，成為我幻想的威士忌小桌（其實是蔓越梅水加冰塊）。

但疼子在醫院有個澡缸，疼子的澡缸之樂是不可退讓征服的。

坐在巨嬰澡桶內，好像很拮据，一旁為了防止我摔倒的掃把，因此成為我的划槳……覺得自己正在碧潭划船。

疼子一邊泡湯、一邊划槳，划啊划，偶爾哼唱「大江東去」，No Return，No Return……

現在的我，不是去想缺少什麼的時候，而是想一想憑現有的東西，我能做什麼，依然故我，依然疼子，自得其樂。

河水中沒有流逝的痕跡，但疼子已經划過，疼子還是有個澡缸。

人到了一定處境就會明白，我們得不斷地努力回歸到簡單、基本的事物。虛榮心消失了，一個人坐在巨大的巨嬰澡缸中，想像童趣。

水一緩一緩寂靜的流走，疼子的生命也是，但我依舊徜徉於幻樂之中。

20250502

他，我的外公教會了我看淡生死名利：我們都是時代飄零的種子

時代住在我們每個人的身上。

我的外祖母曾告訴我，外公是顆不安定的種子；有時掉落土裡，長出了根，就成了大樹；有時隨風飄揚，去了連自己都忘記來路的地方，就此歸落天涯。

外公生於一九〇五年，日本明治時代後期。

二二八事件，是他人生的分水嶺。之前，他以生為中國人為榮，之後以中國為恥；之前，他的生命充滿了勇氣，之後他活於恐懼之中。

二二八事件時，他才四十三歲，但事件闖入了他的生命，徹底改變了我的外公，也等於提早結束他的人生。

愛發議論的他，從此不言不語；呼朋引伴的他，寞落晚年。連斷氣的那一刻，都是孤伶一人。沒有親人相伴，頭點下，瞌眼。終了一個不幸時代知識分子的一生。

外公的家世太好，以致他過度浪漫，不知世道險惡。臺中自由路的老家，連樓梯木作都是福州師傅講究打造的。外婆常感慨，他一生沒有錢的概念，甚至忘卻自己有妻小這回事。一九〇五年出生的孩子，長到十五歲，開始有了自己的主張。他先依父親指示，表面上買了船票到日本進修，沒多久即想盡辦法從日本再搭船到上海，「投奔祖國」修讀中文學校。

我的外公，正如同一個世代的賴和、楊逵，不甘願屈身於日本殖民地下當二等公民。二十歲的他，不只毫不遲疑地投靠「祖國」，還加入了「中國共產黨」。他富有的酒商專賣爸爸，知曉此事，發一份假訃聞電報，內容簡單無比：爸爸死了，回家奔喪。

穿著白西裝的帥氣外公。

外公匆忙收拾行李，邊搭著船邊哭著下跪，望向臺中故鄉的方位。

直到抵達基隆碼頭，接他的長工告知，才知曉這是父親製造的騙局。

我與外公並不親，他在我四歲時，一人孤獨地坐在椅子上，氣絕身亡。從二二八發生，蔣介石派廿一師至臺開始屠殺，外公避躲南投山區……至身亡斷氣，時間約莫長達十四年。

這十四年裡，他最好的朋友楊逵入獄火燒島；他最疼愛的七弟，因著他的關係，擔任謝雪紅祕書，不過二十一歲的男孩，永別了父母家鄉，逃至大陸，終身音訊渺茫。

外公躲過了一時屠殺浩劫，卻躲不過終生的悲愴。晚年的外公夜裡哭喊弟弟的名字，有時則像發了瘋，大叫「有人要抓我」。白天他逃不過心裡的煎熬，經常大賭，賭到家裡數十萬現金，只剩不到一萬現金。

我的外婆只是一個平凡的女人，她無法理解大時代的殘酷。目睹家道一夕之間崩落，人生第一次憤怒地高聲責罵不負責任的丈夫。外公就在外婆的罵聲中肺病發作，吐了滿身的血，血噴滿地，染紅了這個家庭從此不祥之路。

自此外公一個人住在客廳隔出的小屋裡，美其名避免傳染家人，實則是整個家對他的迴避。在一個占地兩百坪的日本式大宅子裡，窗外看不到的不幸之事一一發生。

接著我出生、搖搖擺擺地站起來；年幼開始有記憶之事，便是外公彎曲的背影。

我出生的時候，外公幫我取了一個原名「陳文雪」，我弟弟出生時也是他取名「陳文逵」，一個紀念他最敬重的女士謝雪紅，一個紀念他坐牢的好友楊逵。

我的媽媽雖是外公最疼愛的女兒，卻因從小家境太好，初高中已坐黑頭車上學，沒一丁點父親左派的遺傳；嫌棄「文雪」像「菜市場」的俗名，便從翻譯小說「小婦人」裡找了一個「茜」字；可惜此字看起來雖然時髦，但真念對的人少極。小時候，老師總念錯我的名字，成了「陳文西」。

外公雖過世，我仍活在他的影子裡。我在他留下的樟木大書桌上寫功課，磨老硯台；或躲桌腳下，啃讀張愛玲、杜斯妥也夫斯基小說。

有時會聽到關於外公的閒言閒語，外婆從不說清。阿姨們曾說晚年外公曾拿菜刀警告他的女兒，「誰嫁給外省人，不如把她剁給豬吃了」。但外婆又說，他像神經病，老愛秀沒人聽得懂的上海腔國語。

在我家裝藏古董的和室空間裡，有一只宋朝的瓷器，另有一只日本大漆器盒裡裝著來自中國的銀製小盤、貝殼小魚、銅器古董，還有小時候我無法分辨好壞的捲軸國畫。

外公獨占的書房有中文的書籍、中文的雜誌；牆上掛著一幅李石樵的油畫，還另有一幅後來送給姨婆家，現在大概值數千萬的李石樵人像畫。

外婆說，李石樵每喊窮，外公就買他一張畫，誰來家裡喜歡了，就送誰。楊逵晚年遇著我，聽著我是「何集璧」的外孫女，高興地抓著我的手，敘說當年外公與朋友創辦臺灣第一本文學雜誌《臺灣文藝》時，外公力排眾議堅持非找楊逵當總編輯不可；外公為此特地上山找著了砍柴的楊逵。楊逵說，沒有我的外公，就沒有〈送報伕〉這些小說的發表。

外公好友中，還有一位著名的醫師作家賴和。他們共同在《臺灣文藝》發表文章，外公天賦稍差，只寫隨筆，筆名「何光天」。我說外公文筆不夠好，少了朋友們文采，楊逵卻替外公開脫，說他中、日文兼著學，壞了底子。

外公死了之後，我們家便無人從政。

這是一個嘗盡政治冷暖的家庭，直到我二十歲參加黨外運動。疼愛我的二舅從美國飛回來怒責我，問我，要走上外公的後路嗎？

我辭去律師事務所及中國時報主編工作，為林義雄太太等人助選，一毛錢收入都沒有。母親痛責我，我回答她：「錢不重要」；結果除夕，我每吃一口肉，夾每一道菜，媽媽就諷刺「妳不是說錢不重要嗎？若不是錢，這些食物打哪裡來？」

第二天，媽媽上班，我找來搬運公司，收拾私人衣物，離開我與母親僅緣分不到五年的家；從此將近半年，斷絕母女關係。直至媽媽找了我的好同學徐履冰，上山看我住在一個十坪大的小套房，媽媽大哭，只說「我不是趕妳走，我只恨妳為什麼參加黨外，妳不怕被關，毀了妳的一生嗎？」

一九八六年我出國讀書，全家從此才鬆了口氣；一九九五年，我再回國從政，臺灣已走上民主，再也沒有人需要為自己的理念付出坐牢或失業的代價；我的家人，才與我和解，然後漸漸以我為榮。

在外公的家長大，他的人生一直是我追尋的答案。我的博士論文原主題即是研究二二八屠殺，從二二八、南京大屠殺、左宗棠屠城回人、納粹大屠殺，接著以色列殺巴勒斯坦人……我的研究原本從恨開始，卻在寬恕中結束。當我閱讀愈多歷史時，我發現屠殺是一個多麼容易不斷循環的悲劇；屠殺是歷史上國族統治者為統治失敗鞏固政權的手段，歷史上層出不窮。

我在外公所遺留的人生悲劇中，從此竟與他走上不同的路，我不願步他後塵，從一個民族主義，逃向另一個族群主義。於是，瞬間，在這個高喊民族族群部落主義的時代，我也成了無法落根的種子。

一九九五年施明德主席主張「族群大和解」，民進黨與新黨在國會中應依公共政策共同合作，在野黨才能制衡國民黨；民進黨基層群情譁然。

我並非權力核心，事先不知情，在電視台錄影時才被TVBS創辦人邱復生告知此事，邱還問我：「施明德是不是瘋了？」

我笑一笑，沒回答。接著上了張雅琴主持的TVBS晚間新聞接受特別專訪，我一個字一個字說出令民進黨群眾難以置信的談話，「我支持大和解；這個國家不可能永遠一群人恨著另一群人，二二八的屠殺是蔣介石派來的政府統治失敗，先形成官逼民反，接下來族群械鬥，民眾革命，才有後來其部隊清鄉形成的悲劇，它不是集體外省人的責任。」

只要有一個真誠的心，陪我感嘆、冷靜、沉思，因而懂得思辨歷史，就值得我為生命受苦。——陳文茜

#演講時脖子上套的氧氣，鮮少人注意。我的祕密武器。
地點：蔣經國紀念圖書館，「一座總統圖書館的誕生」新書發表會，作者．夏珍。
20250429
距離上次演說已經九個月。（照片：遠見天下文化出版社提供）

我含著淚說著以上的話，腦海裡想著我那孤獨、彎曲背躬的外公身影。

是的，我親愛的外公，我身上留著你的血液。你的偉大與你的潦倒，你的時代與你的痛苦，一一收在我的心中。我未曾忘懷。你吐血那年五十歲，我從五十歲之後書寫的書籍版稅皆全數捐出，追隨你一生相信的社會公益及人道主義。

我無法還給你具備尊嚴的晚年，但我同時願意繼承獨特的熱情、慷慨與勇氣；我相信，愈愛你的人，瞭解時代愈深，也愈願意寬恕這一切。

「大和解」事件之後，我與施明德紛紛成為當時黨內過街老鼠，他成為「坐牢廿五年的臺奸，我則成為北港香爐。」我個人並不太在意，尤其想想施明德還為臺灣民主坐牢廿五年，判處死刑兩次！我只為臺灣遺留的族群之恨，而震撼。

外公過世後，我常常一個人在臺中大院裡轉來轉去，日本式的木條柵欄擋不住不幸一點一滴地侵蝕這個家庭。外公生前在院子種下仙人掌，蒼勁依舊，可是主人早已枯萎，不論他的軀殼還是生命毅力。另一棵夾竹桃，被二舅舅某個暑假狠狠砍了；他說這是一棵含毒的樹；好像說著外公正巧碰上的時代。

他的人生種子落在明治後期，二戰期間，中國與全球的革命風潮改變了所有理想的知識青年。在人類時代的劇本裡，我的外公注定得扮演漂浮的種子，正如張愛玲的句子，沒有早一步，也無法晚一步，剛巧遇上了往前往後都沒有退路的臺灣人命運，除非他願意出賣自己。

二二八時，他等於已經死了一次，但他逃掉了；接著，在一切的棄絕中，祖國、家庭、身分、情感……所有的棄絕皆發生後，他的軀體棄絕了他。他死的時候五十七歲，只比現在的我小十歲。

外公悲愴的晚年，給了我對生命及從政時期奇特的啟示。當我覺得為了權力或生存已不忠於自己的心時，千萬不要逃，不要投降，不需躲避。該來的，讓它來；該離去時，勇敢地離去；人生不用拖泥帶水。

20250502

我用一生練習叫我的名字

別聽世俗的聲音，專注自己的眼光。

我用一生練習叫我的名字，每一次困境，使我更加清醒。

懷著那份對世界的愛，儘管同時感知現實的殘忍，我仍說出心底的詞。

練習叫我的名字。

走在生命邊上，接受奇蹟，也接受，每一個可能的結局。

二〇一二年，與李敖大哥對談。賴悅忠拍攝。

拒絕被疾病的恐懼征服

20250503

春天的雨　還沒來得及淋濕故事的序言
已急著翻頁
去年秋季落葉落下的模　如今飄逸成嫩枝
柔軟得像一闋遠方捎來的情詩
我們永遠不知道生命是否會一直凋零、再生
只知此刻，它尚未是盡頭
需要問完結篇嗎？
它寫在雨裡　他掛上一縷雲
天空乾淨得像另一個星球

丟掉枯枝　不必苦苦掙扎
把自己陷進去
陷到春色裡
陷到遠方的情詩裡
陷到每一天的新旅程裡
我不需要黑暗
我也不逃避黑暗
守住今天，守住一方田的使命工作
你想要顏色更暗
希望我一起消滅火焰
讓我退出遊戲
在人性的框架中
我拒絕被疾病的恐懼　征服

20250507

我無法前行，我仍將前行

新一輪免疫療法，在肺部仍未康復下，大量使用類固醇治療冒險施打。

心，跳得比平日快很多，前後約八個小時才完成治療。

第一次體驗到了「折磨」。因為某些不足為道的意外。

心，快跳出口中的錯覺當下，尤其想念家、小孩們，想念山上的白繡球。

癌細胞對於我，太近了，以至我從不會夢見它、想念它，也不想恨它。

自從它出現，而且占滿了我的全身，我就是它的全部了。

我呢？

似乎只是在不斷地告別它，逃跑、遺忘，最後兩手空空，心中冰涼，在不知它死，還是我亡的疑惑中，試著與它保持距離。

至少不讓它徹底占有我。

這不是愛欲，更不是情感糾纏，但我們比愛欲者的糾纏還「親密」，而且偽裝不成。CT、PET一照，如影隨形。

我們純粹就是一個不得已的結合。不得已的如刺客彼此殘酷殺戮。

他是黑色的，切片的醫生告訴我，他的表皮黑亮亮的，和我異於常人的白色皮膚剛好相反。

命運總是如此，把兩個極端擺在一起，儘管它不是黑格爾的辯證。

或許我們都曾在某個瞬間成為這樣的人——攥著褪色的車票，卻不知道下一站該駛向何方。

以為逃離就能抵達甜蜜的車站，抵達時卻是苦澀的便當，好不容易卸下重擔，卻又發現行李箱裝滿了石塊。

直到某天突然驚醒，掌心空，看見時光的紋路，卻不想回憶時光流逝了什麼。此時明白最可怕的不是失去，而是連「失去了什麼」都不想再想起。經常提醒自己，別困在「應該」的牢籠裡。

所謂入夜飲馬，黎明磨刀。世事如亂草，莖莖催人老。

歲月飛跑，一把短藏刀，我一生的好時光，引頸就屠！也算爽快。

於是，一天比一天柔腸百轉地冷酷起來。

白先勇老師的話。

所有歡笑，所有眼淚，所有喜悅，所有痛苦，到頭來全是虛空一片，因為「人生有限」。

別想著向外求索；返回你自身。真理棲居於靈魂之中。

今天的下雨無疑是一件發生在過去的事。讓聽見雨落的人，重拾光陰。

雨中希望疾病後的我比當年優雅，內斂，深刻，更洗練，也更心存感激。

我的身體孤寂，但我的心不為寂寞所苦，我別無所求。我樂於讓陽光曬熟花園的小草。我的眼光滿足於所見事物，我學會了看，世界變美了。

接受一切，悲劇就此消失。

或者至少，悲劇變得不那麼沉重了，而你就在那裡，在這個世界無拘無束地前進。

我不祝自己多福多壽，而是簡單地重複一遍：活下去吧。

愉悅學校：從生時的生活智慧直到走向生命盡頭

我們都需要一個教我們學會「快樂」的學校，一門面對不同人生階段、不同人生課題的愉悅學校。包括愉悅的生活，愉悅的接受人生波折，愉悅的相信自己的價值，愉悅走向衰老，以及愉靜的面對死亡。

事實上我們一直生活在意外之中，只是太多的意外，因為微小而被我們忽略。為什麼有人總是讚美生活的豐富多彩？我想這是因為他們善於品嘗生活中隨時出現的意外。

「愉悅學校」的概念，正是幫助我們脫離世俗價值，真正過著自己的生活，找到志同道合的朋友一起過日子，思辨，甚至對於生活中出現的意外，因此有了成長，有了不同的視野。

「愉悅學校」的概念，並非我的創見。西元前三四一年出生於小亞細亞西部海岸一座青翠島嶼的哲學家伊比鳩魯，在他生命的最後二十年間，大力提倡「愉悅學校」。

他一生都在旅行，研習哲學，最終他的哲學重心是「強調思想與感官的愉悅」：「愉悅是快樂生活的開始與目標」、「每一種善的起源與根基，均來自於『胃』的舒適愉悅，甚至智慧與文化也與此相關。」

他是第一位提倡美食的哲學家，出發點不只是文化記憶或家庭情感，對伊比鳩魯而言，它牽涉了人性的善與幽微，不可解決的人性幽暗面的掙扎；「美食」、「愉悅」代表愛、代表和解；也因此它經常與母親、家庭、故鄉、甜蜜往事連結。

伊比鳩魯的學說曾引來污衊及謠言攻擊，但在我看來不值得一提。哪一個有影響力的見解，不是如此？曾經約五百年的時間，整個地中海一帶包括敘利亞、猶太、埃及、義大利和高盧，愉悅學說廣受歡迎，並在這些地點設有學習「愉悅」的學校。

這些「愉悅學校」直到羅馬衰敗及初期基督徒崛起的敵意下才逐漸滅跡。

人類一頁追求且認真學習「愉悅」的歷史，才告消失。

如今我們翻查《牛津英文詞典》，伊比鳩魯學派 **Epicurean** 的意涵是：「致力於愉悅的追求；由此衍生出奢華的、感官的、貪心的意思。」後者正是來自基督徒的攻擊衍生的同義詞，也是「愉悅學校」消失的原因。

讓我們來一場尋找之旅，丟掉宗教歧見刻意的污辱，回到我們失去的「愉悅學校」原來的樣貌。

首先伊比鳩魯實踐他的「愉悅主義」時，一點也不貪心，毫無奢華。他並非住在豪宅裡，吃的東西相當簡單，寧可喝水不喝酒，晚餐大概是麵包、蔬菜和半個手掌分量的橄欖，即屬「快樂的晚餐」。

伊比鳩魯的「愉悅學校」有一份快樂清單：①友誼；②自由；③思想；④食物；⑤庇護；⑥衣服。

西元前三〇六年，三十五歲的伊比鳩魯帶著一大群朋友一同搬入雅典郊外的一間大屋子；每位朋友各有私密的領域，也有一個眾人一同談天、進餐的公共休息室。「友誼」，被伊比鳩魯列為一個人終身快樂的頭號大事。他和朋友之間如同大家庭，彼此關懷、彼此提醒、互相鼓勵，還有：「共同面對死亡」。他們一起學習思辨人如何面對金錢、名聲、權力、疾病和死亡。「一個真正了解死亡而並不害怕的人，在現實生活中，便不會有什麼值得害怕之事。」大家庭朋友間分享冷靜的分析，使每個人心靈平靜，遠離「雅典價值觀」；對他們而言那代表自由。「你不用為了財富替不喜歡的人工作」，「離開商業世界的運作，我們才能從瑣碎的事物和政治的心靈牢房中脫離出來」，而那是人可以愉悅的起點。

伊比鳩魯的「愉悅學校」最大創舉是他們自己種菜。在住家不遠處他們共同集資買了一片菜園，種植蔬菜成為餐桌上共食的食材。這些蔬菜根據考證包括甘藍菜、洋蔥和一種根莖蔬菜。菜園一起耕種，晚餐一起共食。

伊比鳩魯反對人「獨自用餐」，「缺乏朋友的進食是獅子或野狼的生活型態」。

哲學家朋友集居、共耕、共享、共食、共思辨，「真正的朋友不會以世俗標準評價我們」，「他們感興趣的是我們本身」。

因此，這群人不會以物質財富基礎評斷自己或別人，家徒四壁無需困窘；炫耀金銀不會得到好處，「你不會因此有人為你多添或少給一葉甘藍菜葉」。

在伊比鳩魯的「愉悅學校」裡，憂鬱的人逐漸開朗，成功但誇大而焦慮的人，也獲得內心真正的平靜。

欲望本身是驅動力也是痛苦的來源；當欲望被解除時，簡樸的野菜，路邊的花，即足以帶給你一整天的愉悅。

而當衰老、疾病、死亡的恐懼被平靜思考時，你漸漸明白生命是偶然的，死亡是我們最「長」的「伴侶」……因此當你逐漸衰弱時，你學會珍惜每一道遇見的陽光。

我們需要回到伊比鳩魯的時代，學習「愉悅」這門課程。

那是現代文明社會，每個人欠修的一門課。

你從霧雨中，帶著雨後的紅暈，多少語言和往事，都在雨中消融。

我們走進了夜海，打撈海底飄零的繁星。

是的，即使病中，我也會擱下忙碌的工作，包括忙碌的治療過程，想像窗前爬滿鮮花，用它遮住我逐漸因藥物治療漸漸滿頭的白髮。

總有一天，我也會無懼打開百葉窗框，讓陽光照亮我滿是滄桑的臉龐。

我不再在意衰老，我不再在乎喪失健康，這世界不老的，本來只有歲月。

歲月催人老，枯榮的花季卻伴我行。手上花香依然，凋零的花瓣如故。

衰老的路上，擁抱友誼，微笑告訴自己：活著，就好。

死了，無懼。

當呼吸化為空氣，我們一起走向夜海

你離開了，仍在我的靈魂中嗡嗡作響。你在別人的身體上復活，纖瘦而靜默。而我已經與你永久別離。我羨慕健康的人，羨慕仍然可以四處旅行的人，甚至僅僅可以騎 U Bike 的小伙子。

沒有人喜歡疾病，尤其是看起來沒什麼希望可以康復的疾病。我的生命狀態孤獨似海，而生活便是這海中的一座島。

這座島以憧憬作岩石，以夢想作植被，以孤寂作花朵，以欲望作水源。

但相信我，生活總是矗立在那裡，矗立在孤獨之海的中央；即使是健康的人。

你我的生活，雖然健康差別那麼大，我們都是孤獨之海中的島嶼。你可以揚帆探索，登陸其他島嶼；但他人披荊斬棘，闖進你的領地時，你有太多的顧慮。

不像我，就這麼活在孤島上，漸漸變成一個孤勇者。唉，和惡疾為伍，和死亡那麼靠近。我的孤島有岩石磐底，我的憧憬冷靜而且緊抓著，我的夢想不依靠別人，我的成就感來自於一個芭蕾踢腿，如武術選手般，讓肌少無力的我，仍然活得活靈活現。

你還可以旅行，可以去你想去的地方。

但那都是暫時的，你終究會回到自己的島嶼獨處，獨自面對痛苦、歡樂以及無邊的思緒。

一片朦朧的夕光，襯著暗綠的樓影。你從霧雨中顯現，帶著成功的的紅暈憧憬，多少的語言和往事，都成為嘆息。

我們又一起走進了夜海，雖然妳的生命還那麼旺盛。
我的心靈，活得像風一樣自由，雖然我身體的沉重，
使我有時候寸步難行。

「揖讓月在手，動搖風滿懷。」李煜〈詠扇〉

人最重要的是心裡的自由。
凡人新的一天已然迫在眉睫，而舊的一天卻拖曳著沉重的包袱猶未離去。
他們會有我這樣瀟灑的一天？每天醒來，珍惜每一道陽光，若是許可的日子，回到家。那怕只能待四小時，望著夕陽，看那金橘的光輝，心底的愉歡，耳朵旁自動響起 Horowitz 演奏的舒伯特即興曲。
沒有一次，我不淚流滿面。
過去的還算健康的我，什麼也不是。
往往晚上，我只是咖啡店露天座上一個淡淡的身影，我等著雨停下來，這場大雨只是隔開我的某些時光。
僅此而已。
坐在咖啡座。那些藏在心底的情緒，湧入，終在某個時刻，如雨後新綠般悄然生長。生活中充滿了回憶，但它們已是舊有的故事，叨叨念念不忘，時光就這麼遙遠而不切實際。

健康的時候，我總想像在第一千個選擇之外，還有第一千零一個可能，有一扇窗等著我打開，然後有光透進來。

我並不夠珍惜。

現在的我，連自己的陰影都愛。那些疾病的陰影，告訴我自己，唉，姑娘，妳還在。

請如光一樣，好好愛你自己。

生命的意義不只是單純的對金錢和地位的追求。愈到生命的終點線前，回看人對虛名浮華的追逐，會發現那些都只是捕風捉影、浪費時間而已。

《當呼吸化為空氣》是一封寫給死亡的長信，卻在每一頁都訴說著如何活著，作者曾經是醫生，後來是病患。全世界只有百分之〇．〇〇一二的人在三十六歲就患上肺癌，保羅．卡拉尼提就是其中之一。

在《當呼吸化為空氣》中，他敘說了自己角色扮演的荒謬性。走進醫院，他不再走入診間，沿著長廊，他和其他的患者，一起等候治療。

保羅知道自己的疾病。死，是一件不必急於求成的事，死是一個必然會降臨的節日。可當這節日被提前標註在日曆上，當倒數計時的數字在枕邊滴答作響，人該如何與這忽然加速的時光和解？

該如何在倒數計時裡拼貼出存在的意義？

過去的保羅，畢業於史丹福、劍橋和耶魯醫學院，醫術高超、前途光明的神經外科醫生；可命運偏要調弄，讓他變成了一個肺部布滿腫瘤、日漸虛弱，需要定期化療的患者。當兩種身分對調，一面是拯救者的從容，一面是被拯救者的惶恐。

在走向生命終點的路上，保羅創造了一個新的未來，也給出了對生命的終極回答：

當我們學會向死而生，每一個看似倉促的句點，都會變成通向永恆的破折號。

你在死亡中探究生命的意義。

你見證生前的呼吸，如何化作死後的空氣。

軀體有盡時，靈魂無絕期。

親愛的健康朋友們。啊，趁生之歡愉，快與時間同行，共赴永恆生命！

不切實際的樂觀往往下一秒就是排山倒海的絕望。

人類是生命體，遵循自然法則，很遺憾的是，這些法則就包括一條：病痛總是在增大的，生命是無常的。

疾病，就是分子的順序打亂了；生命的基本要求是新陳代謝，而死亡，就是新陳代謝的終止。

青草會掩沒墳墓，時間會掩沒痛苦。清風已經舔淨出征人的腳印，時間也會舔淨那些沒有回來、而且永遠也不會回來的人留下的痕跡，因為人的一生是短促的，我們每個人能踐踏的青草都不多……

所謂健康之夢，是會突然醒來的，就像泡沫會破裂一樣。膨脹再膨脹，啪一下破了。

一切就結束了。

人生沒有「如果」鍵，感情亦如手中沙，你曾在某個路口停駐，在某雙眼睛裡沉淪，這些「當下」早已在選擇時刻，刻成了命運碑文。

與其在假設中兜兜轉轉，我還可以活多久？

苦苦掙扎，追尋答案，不如相信每片落葉都有它飄落的方向，每個抉擇都在推動你成為此刻的自己。

畢竟，所有走過的路都在教你：「對與錯」從不是單選題，而「接受選擇的重量」，才是一個人成長的必修課。

接受夢也會失火，醒來已成廢墟。

「這個世界上的任何一次擁抱，都將以鬆手告終。」

愛與死為鄰。

去打撈遺失的繁星。

我們一起走入夜海。

當我對舊事
已一無所知

站在往事的盡頭
將自己點燃
用起死回生的小火
引我走向最安靜的前路
我對舊事
已一無所知

有一天我將以最輕的步履
繞過所有的塵土

有一天我的名字對人們有什麼意義？

所有人都會死去
像大海拍擊的海堤
像憂鬱的汨汨濤聲
像密林幽幽的葉語

我的存在
本來早是無人能懂的語言

他們能看到的
只是在墓碑上刻下的花紋

尾聲

答案在路上，自由在心裡。

海浪從不對沙灘承諾，每日相遇卻可相盡歡。

我不知未來，但也不會不顧一切殺死未來。

這本書籍的書名《如此歲月，如此幸福》它不是矯情。

它是我在書寫《修煉死亡》後十年，《晚安·我的生命》後兩年，當我面臨真正不可治癒的疾病時，我和死亡保持適當距離，把日子於免不了的虛弱中，儘量過得「花枝招展」「沒有感傷」的過程。

我做到了！

不必笑意恩仇，也沒有悲欣交集。

我淡淡輕輕過日子。

我既不向死而生，因為後者「生」，未必有機會；我也不向生而死。

永別了，武器！軀體就是我的武器。

對生命，我仍有眷戀，但不苛求，命運要一直靠著奇蹟「陳文茜，妳非活下去不可」。

陳文茜是誰啊？

她不過是比凡人多一點使命感意志力的肉身。

我不求生，也不求死。

十年修鍊死亡，雖非寒窗，我的修行之旅終於沒有化為水月。

我沒有掉入死亡的恐懼湖中。

夜坐聽風，晝眠聽雨，悟得月如何缺，天如何死。

僅僅半年，我重新拾得友誼、親情、生命中種種的釋懷，它們超過我的過去十年。

每次遇到世間不可解決的難題，我的答案總是：我快死了，管不了那麼多。

我快死了，我要按照我的心願而活。

我自由了。

《如此歲月，如此幸福》我告訴「文茜」——一個世間的軀體之一，無論答案是什麼，我想告訴她：文茜，妳很棒！

妳不是書生論死，臨到頭時卻顫抖地走入黑暗。

妳活得如神仙，活得如此自在。文茜，我可以想像那最後一天，妳勇敢、微笑、忍受疼痛的告別的那一天。

那一天，我想抱著妳，告訴妳，Sisy，我愛妳，妳好棒！

妳讓我知道什麼叫幸福的生命，人生末了時，沒有遺憾，也不必談遺憾。

文茜__愛的分享

《文茜的百年驛站》爾雅出版
本書版稅全數捐贈「中華民國骨肉癌關懷協會」

《樹，不在了》時報出版
本書版稅全數捐贈「財團法人公益平台文化基金會」

《我害怕，成功》時報出版
本書版稅全數捐贈「中華民國骨肉癌關懷協會」

《我相信，失敗》時報出版
本書版稅全數捐贈「財團法人雲門文化藝術基金會」

《給逆境中的你》印刻文學
本書版稅全數捐贈「中華民國骨肉癌關懷協會」

《為愛奔波》時報出版
本書版稅全數捐贈臺大動物醫院「街狗醫療團」

《終於，還是愛了》有鹿文化
本書版稅全數捐贈「中華民國骨肉癌關懷協會」

《文茜說世紀典範人物 1》遠流出版
本書所有版稅捐贈「台灣國際音樂家協會」

《文茜說世紀典範人物 2》遠流出版
本書所有版稅捐贈慈濟基金會「疫苗慈善專案」

《晚安，我的生命》時報出版
本書版稅全數捐贈「財團法人雲門文化藝術基金會」

《消失的愛：逆轉我們的時代》時報出版
本書版稅全數捐贈「財團法人公益平台文化基金會」

《如此歲月，如此幸福》時報出版
本書版稅全數捐贈「財團法人臺北市基督教伯大尼兒少家庭基金會」

PEOPLE 538

如此歲月，如此幸福

作　　者　陳文茜
責任編輯　王育涵
責任企畫　林欣梅
美術設計　吳郁嫻
總 編 輯　胡金倫
董 事 長　趙政岷
出 版 者　時報文化出版企業股份有限公司
108019 臺北市和平西路三段 240 號 7 樓
發行專線｜02-2306-6842
讀者服務專線｜0800-231-705｜02-2304-7103
讀者服務傳真｜02-2302-7844
郵撥｜1934-4724 時報文化出版公司
信箱｜10899 臺北華江郵政第 99 號信箱
時報悅讀網　www.readingtimes.com.tw
人文科學線臉書　https://www.facebook.com/humanities.science
法律顧問　理律法律事務所｜陳長文律師、李念祖律師
印　　刷　華展印刷有限公司
初版一刷　2025 年 06 月 06 日
初版五刷　2025 年 07 月 14 日
定　　價　新臺幣 580 元

如此歲月，如此幸福｜陳文茜 (Sisy Chen) 著｜初版｜臺北市｜時報文化出版企業股份有限公司｜2025.06｜420 面｜22 x 17 公分｜People ; 538｜ISBN 978-626-419-536-2｜平裝｜863.55｜114006400

ISBN 978-626-419-536-2
Printed in Taiwan

時報文化出版公司成立於一九七五年，並於一九九九年股票上櫃公開發行，於二〇〇八年脫離中時集團非屬旺中，以「尊重智慧與創意的文化事業」為信念。